作者／李紹鋒

U0040751

一生幸福的
人生企畫書

從事業、財富、家庭、心靈到退休，
8個面向，理性效率規畫你的一輩子

TIME TO PLAN

效率不是商業學用語，
是人生的必修課

人生最大的課題是什麼？其實是關於時間的問題。

不是嗎？古往今來的科學家、哲學家乃至於帝王將相，還有現代社會的大企業家們，人人用盡一生追求的不外乎「在有限的時間裡，成就最大的功業」。

不論貧富貴賤，大家的出身背景不同、錢財不同、命運和生涯發展都不同，但有一件事鐵定是相同的，那就是每個人的一天都是二十四小時。

曾經叱吒風雲，統領天下，不可一世的秦始皇，至今全世界稱呼中國的英文，都是以他創造的朝代 Chin 來命名。他人生最大的遺憾就是無法敵過時間，他極度渴望長生不老，但這永生願望無法企及。

被稱為史上最聰明，締造現今科學頂尖境界的科學家之王——愛因斯坦，皓首窮經找出了時間和物理的關係，發表了相對論。但理論歸理論，他的一生如同一般凡人，

只在很有限的時間裡活躍，然後魂歸天國，只留下大腦供世人研究。

 人生的學問，就是掌控時間的學問

我在很小的時候，就經常注意有關時間的問題。

當然我不是在研究相對論，也不是喜歡修鐘錶。但我的確發現，在生活中「速度」很重要。所謂早起的鳥兒有蟲吃，做任何事搶先一步的人，就會搶到好位子。

從過往到現代都是這樣，小時候看野台戲，早點去占位的可以坐前排看台上花旦化妝；到了現代，人們也是到處在搶第一、搶工作、搶車位、搶名單、跨年搶頭香，就連讓小孩讀幼稚園都要去搶名額，一大早就得排隊。要搶的東西實在太多了，每當我看到新聞又在報導，假日花東鐵路的火車票一下子就被秒殺，我就想，是誰那麼厲害啊！能夠搶第一批買到票。那種快已經不是跑得快或動作快，而是掌握某種竅門的快。

但真的凡事求快就代表會跑第一嗎？卻也未必。經常看到的情況是，第一個跑的人，最後不見得得第一。例如賽跑的時候，一開始就猛衝的人，最常發生的結果是後繼無力，最後幾圈跑不下去，連前十名都排不上。或者，發

3

明新產品第一個在市場上推出，反而因為觀念太先進，民眾還無法接受，不得不鎩羽而歸，反倒是晚幾年推出類似產品的其他公司，恰好在市場時機成熟時，公司得以大賺利市。

搶第一的關鍵，不是最快出發，而是最快到達

我還在唸小學的時候就知道，有些事若不在一定時間內完成，隨著時間累積，會增加許多額外的負擔。小小年紀的我，當然還不懂「成本」的概念，也不懂什麼叫「效率」。但我的確知道，同樣一件事，如果**早做晚做都得做，我寧願選擇早點做**。因為我發現，事情早點做，會獲得額外的收穫，那就是「輕鬆的心情」。相反的，那些總是把暑假作業留到最後一天才寫的人，會有許多額外的負擔，包括「壓力」、「睡眠不足」、「作業品質差」以及「連累家人」。就算到現代也是一樣，我看到每到假期結束時，許多的家長就得陪小孩「趕作業」，弄得全家人都不快樂，何必呢？

長大後的我，更發現，許多事若不及早完成，隨著時間過去，增加的成本可驚人了。最顯著的例子就是利息。

許多人貪圖一時享樂，選擇過「提前消費」的人生，但隨著時間過去，那些刷卡 shopping 所欠下的債，利滾利，滾到後來，整個人生都在還利息，甚至許多人一生就毀在債務裡。

所以有關「時間管理」的問題，絕對是切身的問題。

人生有限，做好短中長期的時間管理，才能活出快樂人生

但有關時間的問題，要了解其實談何容易？

我們到書局去逛，可以看到兩種極端的時間學。雖然它們的標題可能不是直接講時間，但其實內容的主題就是在談時間。

當你走到商業管理類書籍區，會看到許多和「效率學」相關的書（是的，包括讀你現在看的這本書，標題也有「效率」兩個字）。這些書，從工商管理到個人生活管理都有，包括如何做好「時間管理」，如何「訂定短中長期目標」，如何「更有效率完成工作」，乃至於「如何快速致富」、「如何快速贏得客戶的訂單」、「如何三秒鐘看出一個人的心理」、「如何擄獲愛人芳心」，還有近幾年流行起來的「收納術」，怎麼樣整理檔案、怎麼樣整理房間、怎麼樣使用

記事本，都是讓自己做起事來更有效率。

　　另一種極端則出現在心理勵志類書籍區，甚至宗教類書籍區。那些書的主題是「活在當下」、「慢活」、「樂活」等等，教你「掌握剎那即永恆」、「平心靜氣看待時間變化」、要你「接受自我」、「反省自心」，用禪心去體悟「一沙一世界」，比較嚴肅的則是要我們「看透生死」，了解這世界「本是幻象」，要那些汲汲營營的人趕快「醒悟」，「回頭是岸」，因為人生沒什麼好爭的，就不要再追逐名利，找回初心，回歸悠遊自在的生活本質吧！

　　所以人生就是這樣的二選一嗎？

　　進入書店後，不是去商業管理類書籍區，買本效率學激勵書，武裝自己的戰鬥力；就是去心理勵志類書籍區，找本靈修的書，讓自己看透這可怕的世界，以自修取代競爭？

　　但人生真的是這樣嗎？

　　一個每天辛苦奔忙打拚奮鬥的人，和一個靜靜修煉品味生活的人，一定是兩條平行線，不能同時兼顧嗎？

　　如果人生有很多種選擇，可以這一世過效率打拚人生，另一世過隱居慢活人生，就像打電玩遊戲一樣，Game Over 後再 Re-Start 就好。可惜人生只有一次，我們無法先

用十年嘗試這種人生，覺得不好，下個十年再換另一種方式。人生可以這樣嗎？

其實：效率就是一種「兼顧」的學問。

- 效率就是，你可以在一定的時間，取得更多的資源。
- 效率就是，當你做一件事後，得到的比一般人多。
- 效率就是，你不用犧牲什麼，同樣可以達到目的。
- 效率就是，當回首來時路，你知道你當初的選擇是最優的。

效率就是一種「各種幸福都可以擁有」的學問

本書期望帶給讀者，同時兼顧各種人生幸福的學問。我把人生畫成一個九宮格，真正的效率人生，絕不是顧此失彼的人生。真正的效率人生，絕對是平衡的人生。

以我本身為例，我在三十幾歲的時候，就已經擁有超過百萬美金的高資產淨值（High Net-Worth Individuals），在此同時，我不用像許多企業家所說的，必須全心打拚事業而犧牲家人，甚至犧牲健康。在我撰寫本書的這一年，報紙就報導了幾位很優秀的企業家前輩，積勞成疾，才五十幾歲就辭世；或者家庭失和，空有數

十億資產，但子女和父親不相認的慘事。

我白手起家，賺進我的百萬美金資產。但同時⋯⋯

我喜歡運動，身體健康，每天熱愛騎自行車在台北市悠遊；我喜歡陪伴家人，我有一個甜美的嬌妻以及兩個可愛的小孩，經常帶他們遊山玩水，四處趴趴走，還帶領孩子寫日誌。

我喜歡做公益，我不會去上媒體宣傳自己善行，但我

每年捐獻的錢絕對比許多企業家多。

我喜歡保持學習的心，我自己愛上課，也開課教育學員。把智慧傳承出去，是我人生一大樂事。

我喜歡優閒的生活，也喜歡為一件任務投入，享受達成的快樂。

我喜歡過效率人生，但我的效率定義，也許和坊間商業書說的效率不一樣。

想要過著既富有，又可以做到生活平衡的人生嗎？這就是本書要和你分享的幸福效率學。

帶你一起體驗事業、財富、家庭、心靈、健康、享樂、學習與社會責任兼顧的美好人生。

第**3**章

生涯規畫篇

時時刻刻有效率

第**4**章

效率賺錢篇

賺錢有效率，人生最愜意

第 5 章

理財致富篇

做個有錢的幸福人

第 6 章

家庭人際篇

攘外必先安內

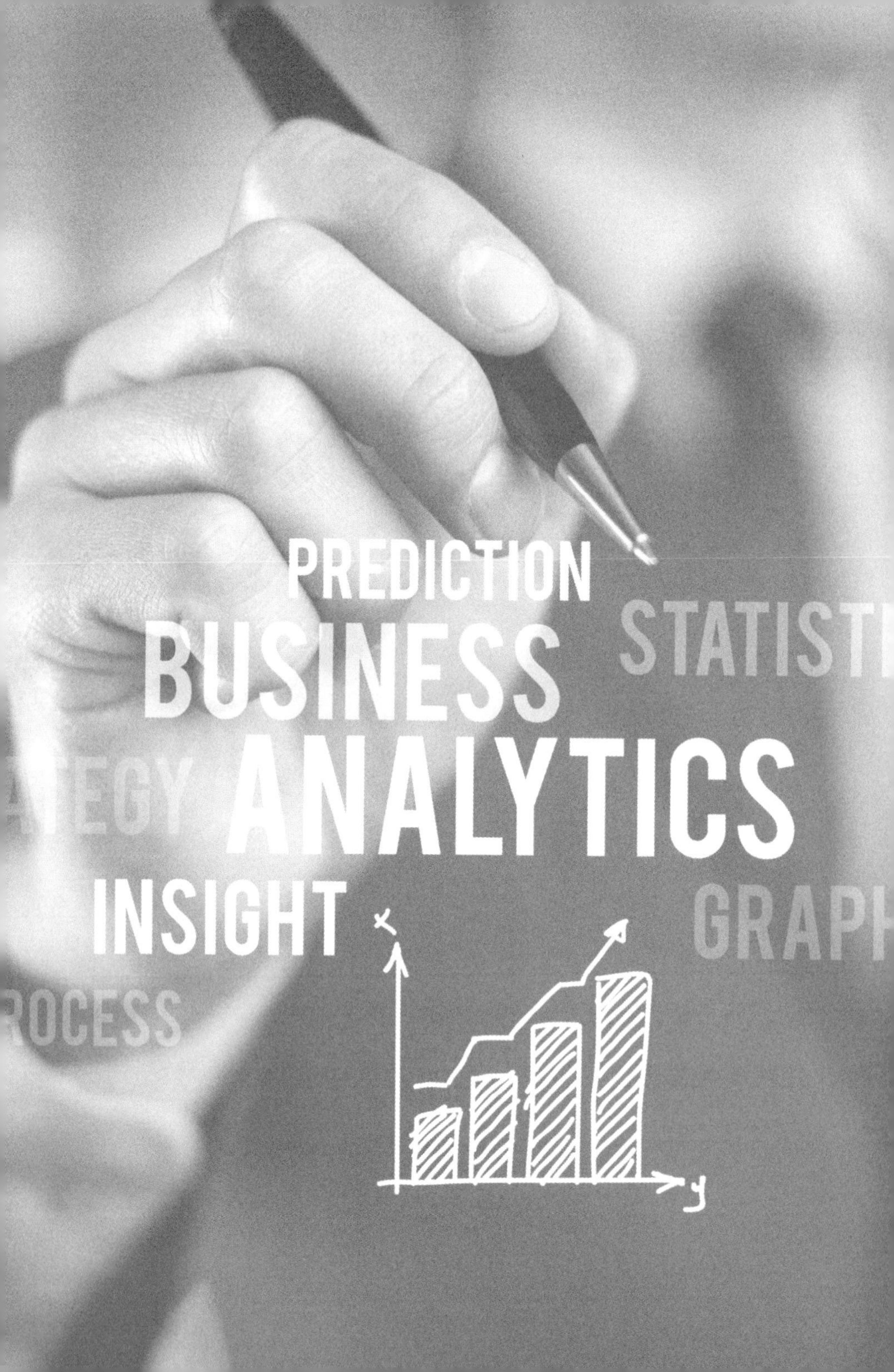
PREDICTION
BUSINESS
ANALYTICS
INSIGHT

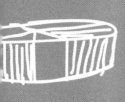

啟動你的
效率人生

什麼是效率？這是一種只有人類才會主動應用的觀念。

野生動物在森林裡生活，他們只講究如何填飽肚子，生命就是用盡一切本能，把獵物撲到手，同時又要躲避獵殺者。對許多昆蟲來說，它們的生命短暫，蜉蝣朝生夕死，螳螂甚至在交配時，就等於是性命終結時，生命的意義只為了傳宗接代。純粹依照生物本能的生命，沒有「自主的」效率，它們整個生命就是一種效率，是大自然法則下「被動的」效率。

只有人類會關心「飽肚」以及「傳宗接代」以外的事。我們會想要「追求快樂」、「追求財富」、「追成名聲」，我們甚至還會追尋「人生意義」。

本書不是一本哲學書，而是以實用的角度，來談談怎樣擁有效率、幸福的人生。

首先我們來畫三個圓。不論你的宗教信仰是什麼，職業是什麼，人人的幸福人生都包含這三個圓：擁有金錢（物質）、擁有時間（自由）、擁有快樂（心靈）。

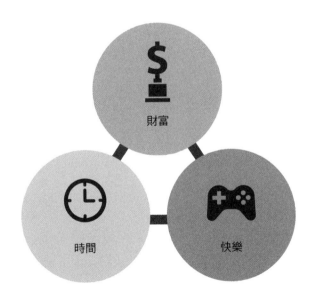

我們會發現，一個人會不幸福，一定是這三個圓有所

17

缺憾。

多數人為錢煩惱，雖然談錢很俗氣，但當你繳不出水電費，或孩子的學雜費，你怎麼可能高興得起來？

更多人雖然金錢夠用但卻很不快樂，他們感到心靈空虛、人生茫然、心沒有著落、找不到活著的意義。

而所有的人都為時間所困，上班族每天趕在挨老闆罵前要完成任務，趕在貸款截止日前要賺到收入。所有的人都感嘆一天只有二十四小時，事情做不完，一轉眼就到深夜，然後許多個一轉眼，啊！竟然已經來到中老年，嘆息人生苦短。

人生的基本架構，由金錢、時間、快樂三個面向組成。

現代人有一個錯誤的觀念，認為這三件事是個別存在的。商業書籍教人奮鬥打拚以成為億萬富豪為目標；心靈勵志書，教人活在當下，放慢腳步不要和人競爭，享受此時此刻的和諧快樂就好。而坊間的效率學，則純粹是時間管理學。然而，真正幸福人生，是一環扣一環，成就一種融會貫通的生命哲學。

我們都在追求在金錢（財富）、時間（自由）、快樂（心

靈）三方最高的境界。

幸福效率學的人生勝利基本公式

優質的效率 = 金錢 + 時間 + 快樂 = 幸福的多次方程式

錯誤的效率 =（金錢、時間、快樂）（三選一，或三個折扣）

而如何成就優質的效率呢？本書不論是在談理財、談教育、談事業，有三個基本法則，請謹記在心。

幸福效率學基礎 3 大定理

第一、效率就是要在同樣的時間、同樣的付出之後，達到最大的效果。

第二、效率的基本立場是要做到兼顧，若過程中犧牲了重要元素，沒做到平衡，這樣的效率是不及格的效率。

第三、效率的定義，是要橫跨長遠的時間，若短期內有效率，但長期是負面的，這樣的效率是錯誤的效率。

謹記這三個公式，時時檢視自己，若我們在追求效率

的同時，沒符合這三點就不是「幸福效率」。

舉例而言，一個班級做學科測驗，成績好壞將影響到未來升學分發。所以這是一次很重要的測驗，不得輕忽。假定全班有三十個學生，再假定這些學生的資質相當，沒有特別的天才，大家的程度都一般，並且學校給予相同的時間準備。

在同樣的條件下，三十個學生裡，只有五個學生測驗成績符合甄試標準。以幸福效率學第一定律來說，只有這五個學生，是在同樣時間付出後得到最大成果。假定這五個學生是甲乙丙丁戊。

戊學生，後來被發現是作弊才得到高分。也就是，為了成績他犧牲了信用，違反了幸福效率學基礎第二定理。丁學生，為準備考試整整閉關一兩個月，犧牲了和家人相處的時間，也和女友分手了。他們兩個人，都是為了達到一個目的，而犧牲另一件重要的事。雖然結果達到了，但就不是幸福效率（但也許他們符合傳統效率學的標準）。

同樣是考高分，丙學生用的是硬記法，強迫自己在極短的時間內，幾乎背下整本書，特別是數學和英文，在不

明其義下硬背參考書範例，恰好，測驗的題目和他背誦的考前猜題很類似，他也因此得到高分。然而考完試後，兩個月過去，丙學生硬背而來的知識，已經全部忘光光了。

乙學生更糟，他為了準備考試，不眠不休，仗著自己年輕，每天與家人及朋友玩得很痛快，回家再拚命讀書，雖然平衡了家人與友情，但每天只睡兩三個小時，到考前身體已經很差，甚至一度要送去醫院，但還是勉強撐完考試，也獲得高分。考完試後住院檢查，發現肝腎嚴重受損，醫治後也無法完全恢復，終生都身體不健康。

很明顯的，依幸福效率學基礎第三定理，乙和丙，為了追求短期的目標，卻帶來長期的負面影響，都不符合幸福效率。丙生還好，只是忘了所學，等於當初唸書只為考試，沒有學到東西，乙生就慘了，一輩子的健康都葬送了。

只有甲生，靠著自己懂方法、懂得抓學習竅門、懂得分配唸書時間，懂得吸收知識，最後以實力考得高分。

在生涯路上，是不是常有這樣的「測驗」？

你在一家公司上班擔任業務，主管規定每位員工每月基本的業績額是三十萬元，全體員工要如何運用幸福效率

學來達成業績？

十年前大家從同一所大學畢業，彼此家境也都差不多，都是不拿家裡的錢自己奮鬥打拚。十年後有的人是億萬富翁，有的人仍是月薪三萬元。這中間的差距，也和幸福效率學的運用有關。

同樣是家庭月入十萬元，住同一個社區的兩戶人家，生活水平差不多，其中一家人每年可以存下一大筆錢，最後買房子搬到更好的地段去。另一家人則仍在過每月底捉襟見肘的日子。對比的關鍵，也是幸福效率學。

還有什麼測驗？

每天我們外出上班，或個人打拚事業，或者消費理財，處處都有效率學的測驗。別小看每一個「人生測驗」，既然人生是由一天一天，一週一週，一個月一個月，一年一年構成的；若你過著沒效率的一天，就別冀望會有著有效率的一週，同理，你也不會擁有有效率的一個月，一年，以及……一生。到時候抱怨沒錢生活又沒品質，就只能悔不當初了。

你的人生
為什麼會沒效率？

好了，我們不想過沒效率的人生。但怎樣擁有效率呢？要了解什麼是效率，先來看看什麼是沒效率。

一般人之所以沒效率，因為忘了把時間當成一種資產。

以資產的角度比喻，當我們用金錢來衡量效率，最好的方式就是，計算這筆錢在一定的時間裡（好比是一年），「以錢生錢」的結果為何？

當一筆錢被亂花掉，那就是沒效率，把錢存在銀行生一點點利息，也是沒效率。若把一筆錢好好投資或做生意，產生幾倍的利潤，那就是有效率。若讓一筆錢產生一百倍的價值，那就是超有效率。

如果你將「現在」當成是一筆資產，你該如何定義效率？

一般人為什麼會沒效率？因為當他們將資源投入「現在」後，不能轉化成更好的未來。所謂資源，主要有三種：

沒效率的模式（一般人常見的模式）

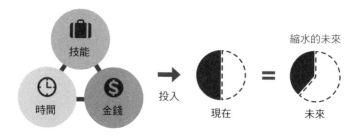

有效率的模式（成功人士的模式）

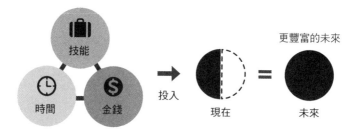

（1）**技能**，人們要擁有不同的技能，才能在不依賴
　　　別人的情況下，打造更好的未來。

（2）**金錢**，做任何事都需要錢，這也是世人習慣以
　　　金錢衡量成就的原因。

（3）**時間**，這是三種資源中，唯一人人平等的一種。
　　　只不過，擁有這樣的資源，不代表會運用。

　一個人為何不能將資源轉化成美好的未來？主要是有
三大病症。

病症 1：沒有準備足夠的技能

最常見的情況是，很多人看到別人開公司賺大錢，他們也想創業，但往往因為沒經驗而把老本都賠光了。所謂經驗，包含理論與實務，簡單講就是技能。一般人缺少技能，因為沒有早點學習。

學習要趁早，越早擁有越多技能，越能在人生路上取得領先。

包括世界首富比爾蓋茲，以及台灣幾位企業之神如王永慶等，他們的學歷不高但卻成就非凡。原因在於，他們雖然不將時間花在學校裡，卻將時間用在技能培養上，年紀輕輕就已經有很多經驗和實務，他們創業，自然能獲得大成功。

 病症 2：沒有做好理財規畫

不要依賴祖先的財產，每個人在世上都有責任自己賺取自己的財富。只是，同樣的起跑點，為何最後人人的收入不同呢？當我們有足夠的金錢，就可以讓事情更有效率的完成，舉個最簡單的例子，我們要宣傳一家餐廳，錢不

夠只能花幾千元印傳單在路上發，錢若夠，就可以花個幾萬元打報紙廣告，帶來的結果絕對不一樣。

要擁有幸福效率人生，絕對要先學會理財。

病症 3：沒將時間做最好的運用

同樣的時間，不同的結果。不是因為別人的時間比你多或比你少，而是你運用的方式有誤。最常見的兩大時間運用錯誤：

第一，時機不對

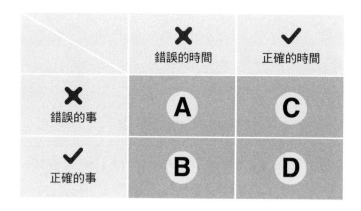

A：在錯誤的時間做錯誤的事

這已經和效率沒有關係了。因為每個環節都錯，整個

人生也都錯。例如，小小年紀不去念書，卻去偷東西，被抓去少年感化院。即便後來改邪歸正，往往已浪費人生最菁華的青春。

B：錯誤的時間做對的事

有時候一件事的對錯很難判別，後面我會再介紹這點，本處姑且以打工這件事為例。學生打工可以提早磨練社會經驗，見證社會的人際關係。但如果一個學生在考研究所的寶貴學習時間裡，都在打工乃至於荒廢學業，學習不精的結果，是以後進入職場，不論謀職或升遷，都得不到好待遇。因為他在原本該學習的時間，沒有學到知識，而去做其他事。

C：在正確的時間，做錯誤的事

這是很普遍的情況。在職場裡，選在新產品上市前兩個月密集的行銷宣傳，這原本有助於產品銷售，可惜因決策錯誤，例如把資金放在錯誤的媒體、搞錯目標族群，或者舉辦一場說明會卻沒規畫好，把活動搞砸了。或者在投資理財時，在進場買房子的好時機，別人買房都賺了，你雖進場卻買到有問題的房子。付出了時間和金錢，結果卻

是負的。

D：在正確的時間做對的事

只有在正確時間做對的事，才能達到最大效果。要想在正確的時間做對的事，最重要的就是資訊，以農事為例，在不同的季節，適合的作物不同，懂得抓住大自然韻律的農夫可以有最大收成。同樣的，人生不同的階段，需要做最適合的事，該學習的時候要為知識打底，該歷練的時候要多方歷練，該做決定的時候不要拖延，該進入退場機制的時候就該退場。

第二，流程不對

許多事都有因果關係，就好像蓋房子，要先有地基才能立鋼筋架構，有了完整架構才能灌水泥，逐步建構一棟房子。假定一件事情有五個環節，其對應關係如下：

如上面的流程，假定你是一家公司老闆，你有五個人力，若將五個人分別用在 ABCDE 上，這是有效率的作法嗎？答案是沒效率。

　　因為當 A 正在進行時，BCDE 都只能「等」，不能做什麼事，完全是浪費人力，還不如將五個人全部投入 A，加快 A 的流程，然後再一起完成 BCDE。

　　另一種情況，如果五個環節的對應關係如下：

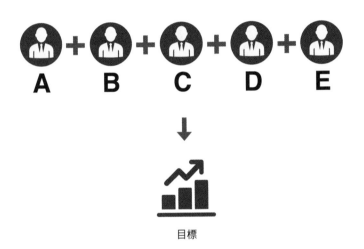

目標

　　那五個人力安排，就應該是 ABCDE 每個環節各有一個人。一個最常見的沒效率狀況是，A 事情做完了，BCD 事情也都做完，但 E 還沒做完，結果大家仍必須停下來等

E。這也是一種浪費時間的情形。

　　當然世上事有多種排列組合，好比說，有的流程可能是：

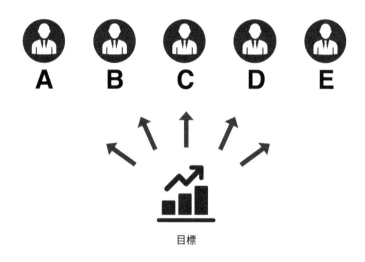

目標

　　ABCDE 五件事都可能是目標，所以五件都要嘗試。

　　最典型的例子，就是警察局辦案，要破解一件搶案的線索，可能有五大疑點，而這五個疑點只有一個是破案關鍵，但因為不確定是哪個，所以五個都要嘗試。

　　做一件事，最重要的不是搶快，而是確認事情的性質後再進行，才能夠事半功倍。

當人們做職涯規畫或者從事各項工作，要取得有效率的結果，也就是要未來比現在更好，就端看是否把技能、金錢、時間這三大要素準備到位。有了事先規畫，再有條理的投入，方能達到最佳的效果。

第3節

人生就是要
打造全方位幸福效率

　　人生就是一連串的任務和目標結合，小的目標包括考試、找工作、找到客戶。大的目標包括成家、立業、傳宗接代、成為億萬富翁。這些目標和任務，是人生中環環相扣的連結。

 ## 第一層連結

　　以短期的觀點來說，每個人在不同時刻，都在努力完成不同的事。好比說要考取學校、要提案成功、要達到業績。以圖形來表示，就是：

　　當你投入一個目標時，在適當的資源應用下而成功，這就是最有效率的結果。但也可能是失敗，或者結果不好也不壞，只是差不多及格等等。

　　人們當然都想要追求成功，這裡的成功不是指競賽得第一名，而是盡力完成一件事情。以人生來說，一個人通

過畢業考取得大學文憑，也許排名成績只是中等，但重點是取得畢業證書，以及真正學到該學門的專業。

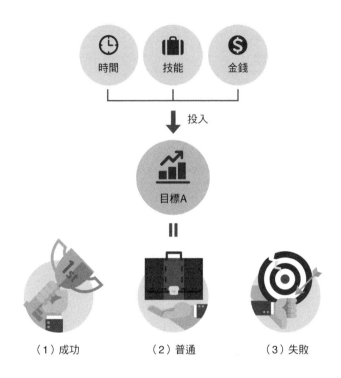

（1）成功　　　　（2）普通　　　　（3）失敗

即使失敗了，只要曾經努力付出，就不用灰心。人生是由許多的目標組合而成，如果可以從這次失敗習得教訓，讓其他目標更容易達成，也算是好結果。

第二層連結

　　由一層層的目標組合而成一個大的目標，好比說你在一個企業集團上班，這個大目標就可能會是你獲得公司認可，被升遷為部門經理。

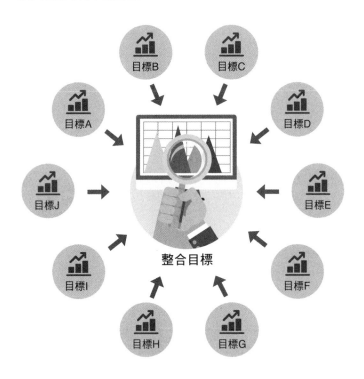

　　這個結果，是由許多目標組合而成，每個目標都包含著時間、技能、金錢的投入。理論上，擁有越多成功的目

標越好，但別忘了，我們人生的最大局限，就是「時間有限」，所以要達成多種目標，只有三種方法：

（1）延長時間

假定一個目標要花費一年，十個目標花費十年，那你願意嗎？這樣有效率嗎？

（2）精選幾個重要目標

將有限的資源投入在最重要的事情上。但什麼是最重要？你有足夠的智慧判別嗎？

（3）做許多的小目標

一個人可能成就一百個小目標，每個花費的資源都不多，這雖也是一種方法，但許多的小目標不代表可以加總成一個大目標。

分析現代人的失敗。或者說，失敗可能難以定義，不一定說窮人就是失敗。用另一種說法，就是當走過來時路，對人生感到後悔者，通常都是源自以上三個因素之一。

最常見的是庸庸碌碌，就是說這個人可能人生沒什麼成就，因為他只是完成一堆小事，講得苛刻些，就是他只是「混」完他的人生。一個在工作上不犯大錯，但也沒什

麼傲人成績的員工，也許在一家公司待久了，終究會升上去當主管，但這樣的人生符合幸福效率嗎？

另一種人是為了一件事投入太多時間，一個人的進度拖延，就會拖累整家公司，這並不是有效率的做法。

最好的做法是，將有限的資源投入幾個重要的專案，好比抓住幾個重要客戶，或者將焦點放在幾個年度大行銷案上。唯一的缺點，就是若「判斷錯誤」，可能帶來很大的負面效果。但在團體工作時，這一點可藉由團體腦力激盪，或者請老闆或主管在旁指導，協助作出抉擇。

第三層連結

整體來看，人生就是由許多的目標結合而成，包括前面說過的在公司升遷當上經理、包括理財成功存到第一桶金、包括娶個好老婆建立一個美滿家庭、包括孝順父母、贏得世人尊敬等等。

許多人覺得人生失敗，卻只怪罪單一因素。但從此圖可以看出，人生是由一個個環結構成的。

最可怕的是得過且過的人，因為他在人生的每個環節

都不重視效率。

　　一環扣一環，當基本的第一層連結都沒做好，就別冀望會有好的第二層連結，推而遠之，整個人生就是一本胡塗帳，也不意外了。

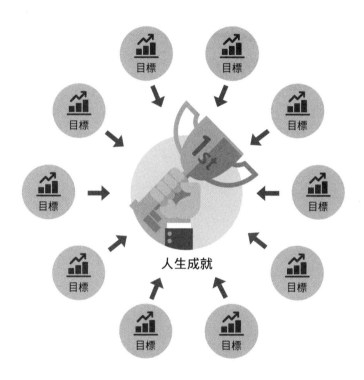

　　所以整體來看，將以上三個聯結，簡化為一個圖，我們追求的人生，就是這樣的模式：

　　以下頁的圖來看，我們不僅要追求幸福效率的人生，

並且要追求的是——**全方位的幸福效率人生。**幸福的人生重要的不只是卓越，還要做到平衡以及全方位。

　　什麼是全方位的效率呢？我將在以下各章分別論述，在此，先簡述各個領域的境界：

理財的效率	創造非工資性收入，可以用最少時間創造最多財富。
事業的效率	創造長遠模式，可以造福最多的人。
健康的效率	讓身心靈於一生中，都盡可能保持最佳狀態。
學習的效率	學到對的技能，可以一次應用在多種層面，並應用終生。
家庭的效率	親子關係和樂，創造多樣化幸福。
休閒的效率	既休閒也可兼顧各個生活層面。
公益的效率	提升自己後，讓正面力量帶動更多人。
交際的效率	與人為善，讓人際網啟動自己，自己也透過人際網傳播公益。

　　回歸本章的重點，如同我在前言所述：「效率不是商業學用語，是人生的必修課。」

　　和一般商業書強調的不同，我們會講效率，不是因為要贏得競爭、要超越別人，所以要比別人快狠準。我們會講效率，因為這是生命的基本現實，也就是：人生苦短、人生無常。我們不知道有沒有來生，就算有來生，今生的事蹟也無法接續，必須一切重來。既然每個人生都是僅此一遭，獨一無二，那麼，效率就是我們人生**必要的選擇**。

　　因此我們歸結出兩個人生效率的重點，適用在全方位

人生的每個領域：

1. 我們要用最少的時間，獲得最大報酬。

這裡的報酬，指的不一定是金錢。在家庭生活裡，最大的報酬指的是家庭財富，也包括親情溫度、子女教養有成，以及和諧快樂的家庭生活。

在學習領域裡，最大的報酬指的是真正了解一門學問，進入該門知識領域的堂奧。依此類推。

2. 盡量讓做一件事的時間，成就多重效益。

許多現代人的迷思是，家庭與事業不能兼顧。好像若要成就事業賺大錢，一定得犧牲家庭生活。這是錯誤的想法，完全不符合幸福效率的定義。我們追求的境界，是做一件事可以成就多重效益。

這也是我經常的思維：例如，假日時，我會每週變換地點，帶全家人出遊。花一天的時間，兼顧了至少以下五件事：

1. 我做到了休閒，心靈放鬆。

2. 我陪伴了家人，闔家同聚歡笑。

3. 我做到了教育，每次去到不同的地方，我都機會教

育小孩。好比說去公園就介紹花草樹木，去龍山寺可以介紹古蹟和歷史等等。

4. 我做到了運動，有益身體健康。

5. 我把出遊的經驗和公司員工分享，作為教育案例。我甚至建立部落格分享，打造我的社群關係。

當我們養成好習慣，時時將效率列為人生思考準則，久而久之，就可以帶給人生正面影響。

或許有人會問，做什麼事都要想「怎樣才有效率」，那不是太累了嗎？若做什麼事都要「想」，會不會反而沒效率。

所以，這就是習慣的問題。你會覺得一件事很麻煩，是因為你還沒建立習慣。就好像小孩子一開始學九九乘法，背得好累，但一旦成為習慣、刻印在腦海裡，運用乘法就一點也不麻煩。生活中的大小事，好比刷牙、洗澡、人與人間見面的禮儀等等。一開始也都是「麻煩」，但這些事都是一定要融入生活習慣的。

同樣的，我們一定要學會將效率思維融入習慣。

以下各章，帶領各位讀者學習生命中各領域的效率。

第一章 重點復習 ✏️

幸福效率學的人生勝利公式

優質的效率 = 金錢 + 時間 + 快樂 = 幸福的多次方程式

幸福效率學基礎 3 大定理：

1. 效率就是要在同樣的時間、同樣的付出之後，達到最大的效果。
2. 效率的基本立場是要做到兼顧，若過程中犧牲了重要元素，沒做到平衡，這樣的效率是不及格的效率。
3. 效率的定義，是要橫跨長遠的時間，若短期內有效率，但長期是負面的，這樣的效率是錯誤的效率。

現代人 3 大病症：

1. 沒有準備足夠的技能
2. 沒有做好理財規畫
3. 沒將時間做最好的運用

人生就是要打造全方位幸福效率。

效率學 2 大重點：

1. 要用最少的時間，獲得最大報酬。
2. 盡量讓做一件事的時間，成就多重效益。

太極效率觀

這世界上很多事都沒有絕對。

任何法案、制度、規則、模式、企畫、訴求，總是不能面面俱到，討好了甲就會得罪乙；嘉惠了一群人的福祉，就可能侵犯另一群人的權益。所以才會有那麼多紛爭，並且永遠無法解決。除非，大家都變成一模一樣的人，但大家都變成樣板化機器人，效率就失去意義，因為沒有心的世界，再有效率也失去快樂。

那麼，以幸福效率學來說，又如何能提出放諸四海皆準的準則呢？

做一件事情時，有個共通的標準，那絕對是最有效率的。反過來說，做什麼事都被標準綁死了，不知變通，最後可能變成最沒有效率。

似乎任何道理說到最後，總是會發生衝突。沒有一個準則可循。這時候，我們就會發現中國最古老的智慧——老莊思想和易經哲理——是多麼「先進」、「有遠見」。無就是有，有就是無，無中生有，有中生無；陰陽調和，太極生兩儀，兩儀生四相，四相生八卦，八卦通萬物。

原來，我們要學習效率不一定要到西方取經，不一定

要崇拜現代化管理科學，最原始的效率學經典，就在中華
文化的傳統裡。

終極效率的基本前提

第1節

既然這世上有千千萬萬種不同的生活模式，就連一個人的心情轉折、觀念變化經常都是一夕數變。只要有變化，就不能用同一種模式來創造最高效益值，那作為提升生命最大可能的幸福效率學，該如何建立一個放諸四海皆準的依歸呢？這是否是不可能的任務？

答案是，只要設定好基礎前提，就可以達到效率學。有兩個基本的準則是效率學的基本前提，並且放諸四海皆準。

 ## 1. 先做好規範，才可以成就符合規範的效率

以賽跑為例，如果定義是一百公尺短跑，那就是誰能用最快速度跑完一百公尺，他就是贏家。在這樣的定義下，跑者一定一起跑就使盡全力，聽到槍聲後就往終點線拚命衝刺。但如果定義是五千公尺，同樣是用最快速度跑完

五千公尺就是贏家，不過過程已經大大不同。你不能一開始就使盡全力，而是要調整賽跑中不同階段的路程，分階段訂定一千公尺時、兩千公尺時的策略。至於跑四十二公里馬拉松，那策略又完全不同，只不過最終的贏家定義仍是一樣，最先跑完者是贏家。

在尚未做好規範前，討論效率是無意義的事。

工廠大量生產是最有效率的，因為可以用最短的時間做最大的產出，但前提是，整個世界的經濟規則是求過於供，且競爭者稀少時，大量生產才是有效率的。一旦世界變得多元化、競爭者眾多，甚至市場變成供過於求時，制式化的大量生產反而是最沒效率的。因為大量複製，犧牲了彈性，無法面對多元需求，只會浪費一堆產能，生產出堆在倉庫裡的東西。

當年，福特汽車原本靠大量生產成為世界第一大汽車公司，但當世界改變了，福特汽車原本的方式就讓它遭受重大打擊。

這世界上，最共通的準則就是所謂的科學定理，特別是數學定理，例如全世界都知道 1+1 =2、3 是奇數、8 是

偶數。人人都承認牛頓提出的萬有引力公式，以及各種理化的定理和公式。然而，就連這些所謂的定理，也是有規範前提的。

　　眾所周知的牛頓定理，其實不是放諸全宇宙皆準，許多在地球上適用的觀念，也許出了地球就要修正。所以，全人類都以為牛頓是終極標準時，愛因斯坦提出了相對論，導入時間的維度，提出全新的重力理論觀念，這才是更適合宇宙法則的定理。然而，愛因斯坦的理論就是終極理論嗎？不一定，只能說愛因斯坦的理論是「在現今人類所認知的四維宇宙背景下」最尖端的定理。也許超越這個四維時空，跳脫這個宇宙，有更高維的定理。

　　所以，在判定任何事是否有效率前，一定要先設定效率的定義。如同本書談論的幸福效率學，開宗明義就有做了定義——我們要追求的是一種「全方位」、「平衡的」效率。如果只有單一面向的效率，例如追求財富效率，或事業版圖擴張效率，但失去整體的平衡，就不符合本書所謂的幸福效率。同樣的道理也適用在生活中的各個領域。

　　孔子說：「必也正名乎。」這「正名」就是做好定義，

也是效率學的第一個基本前提。

 ## 2. 世界上唯一不變的道理，就是一切都會變

這似乎是老生常談，現代人都知道，唯一不變的就是「會變」，這件事，彷彿大家都是老莊學說的專家。但如何應用在生活上的效率提升呢？

首先，要知道，效率有兩種極端：

標準化是最有效率的

歷史上許多強盛的大國，其成功都是先來自於標準化，包括軍事訓練標準化、武器生產標準化，還有戰場上溝通術語的標準化等等。事實上，世界能夠越來越進步，就是因為標準化的功勞。包括語言標準化、共通術語標準化，還有商業模式標準化，讓整個世界數十億人口，以共通的標準做事，結果證明標準化的確是最有效率的。

因此現代化企業中，各個部門的各種作業流程一定都會做好 SOP，一家有制度的公司，在競爭中會比較容易存活，締造業績。

彈性適應是最有效率的

　　既然標準化是最有效率的，大家都這樣做，每家公司都可以以最高效率追求最高利潤、最高業績，這樣是最佳策略嗎？實際上卻又不是這樣。以台灣為例，早年，台灣一個弱小島國是如何打造出經濟奇蹟的呢？靠的便是極高的彈性、非常大的應變適應力。到了現代，台灣被批評是僵化、故步自封，同時間，台灣的競爭力也變弱，成績在原本四小龍中節節下滑。

　　現在企業要懂得變通，才能在激烈競爭中脫穎而出。如今大家高喊入雲的「文創」，講求的也就是創意力、變化力。

　　那麼，如何在「變」與「不變」中取得平衡呢？不能一味求變，一直處於變動中的人或企業，最後會一事無成，企業也會失去員工的向心力。因為人的心都希望追求安穩，就連最愛冒險的人，在經歷種種冒險後，也會希望找個溫暖的床鋪躺下來好好休息。

　　追求變化、適應變化，可以是種基本能力，但最終仍要取得一個不變的基準，才能建立效率。

那如何既做到「變」又做到「不變」呢？最好的例子就是太極圖。

太極圖，有個基本「不變」的形式，外表是個圓，內裡一半陰一半陽，陰中有陽，陽中有陰。在世界各處看到的太極圖，都是這樣的模式，如果不是，就不是太極了。

但太極圖本身要闡述的卻是「變」這件事，陰陽互異，交替影響，周而復始，生生不息。

我們的幸福效率學也是這樣，要先定出一個基本的「原型」，然後以此為基礎，做好「不斷調整的準備」，才能追求幸福效率學的極致。

以下圖來表示，我們要抓出兩個不變的因子。第一個

不變因子是「時間」，因為時間是宇宙的終極標準，連光速都是以時間來做定義。第二個不變因子是「我」，也就是每一個「私我」，自己要先定下來，才能追求效率，若連自己是誰都不知道，就無法談論什麼效率。

所以，在我們成長的時候，要先認識自我，找出自己的人生志向、人生目標。以公司來說，要先確認自己公司的屬性、自己的目標願景，有了這些才能談效率。

確認兩個基本因子後，「變」與「不變」的關係如下：

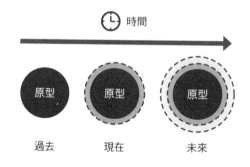

最有效率的人，是將自己的原型發揮到極致的人。好比說，原本歌喉就好且愛唱歌的人，若得到舞台，全力發揮，會最有效率，比起沒有歌唱底子，只為了成名而唱歌的人，更容易成功。

但是，最有效率的人，也是最能夠時時調整自己，因應不同變化的人。

　　有句成語叫「審時度勢」，能經常做到審時度勢、「不斷改變自己」的人，是最容易成功的人。但改變的前提是不要失去原型，若原型沒了，再怎麼成功也沒了意義。在電視電影中常看到這種劇情，一個人為了追求權勢財富名利，泯滅人性、犧牲了很多人，最後也失去了自己，那樣就算得到了所謂的成功，他的人生也已經沒有意義。

所有的優勢，都是屬於現在的

　　但變化是什麼呢？主要是以下五個面向的變化。

　　理論上，當所有變數都不變時，維持現狀是最有效率的。但只要新的變數產生，原本的效率就可能變成沒效率。

1. 人的變化

　　最常見的例如公司換主管、客戶換窗口。不同的主管有不同的風格喜好，原本的做事方式若不調整，有可能在原先主管眼裡最棒的做事方式，在新主管眼中卻是不妥的方式。

2. 事的變化

　　效率總是跟隨著事進行的，效率的定義也往往伴隨著事的完成。若事情本身有了變化，例如，賽跑的規則變了、某件專案被取消了，或者客戶計畫有變，整個做法做了重大調整。因應事的變化，原本自認為有效率的方式，就必須改弦易轍。

3. 時的變化

　　常聽人家說，時代變了，就是指時的變化。時的變化，通常不是一夕之間大變，而是逐步轉化，這過程總是有跡可循。過程中，原本居於領導地位的廠商，若沒有嗅出變局即時因應，等待的可能便是業績下滑以及公司倒閉。近

二十年來，由傳統工業時代進展到 3C 科技時代，再進展到網路科技時代，每個時代都會淘汰許多原本在舊時代居於領先的企業。

4. 地的變化

這是常見的情景。一個鄉下學校的學生，考試、運動都是校內頂尖的高手，後來轉學到大都會，才發現自己完全跟不上都市孩子的腳步，從前的孩子王，換了地方後，變成成績倒數的頭痛學生。同樣的現象也會出現在轉換工作、商品銷售到不同市場等等情境中。

5. 物的變化

同樣的文件，在使用打字機的時代，跟使用電腦的時代做法不同。同樣的事情，在傳統傳真機時代，跟網路即時通訊時代也不同。物的變化經常發生，身邊隨時都有新的發明與應用出現，當新的產品問世，懂得善用新科技的人，就可以一下子領先原本的領頭羊。

借力使力，開創效率人生

　　透過什麼方式會讓我們最有效率？其實日常生活中，我們時時都看得見。那就是借力使力。

　　愛喝瓶裝啤酒的人，拿個小小開瓶器，不用施什麼力瓶蓋就被打開。汽車故障送廠維修，那麼重的大汽車，用千斤頂壓個幾下就被舉起來。

　　事實上，人類文明創造的世界，一直就是借力使力，最先是原始人發現了生火的方式，透過火的力量，讓很多以前做不到的事，做到了。而整個文明最早的大躍昇，則來自於人類懂得馴服野獸幫自己做事，用牛耕田、騎馬打戰。近代文明倍數前進，則是得力於工業革命，先是使用機器，後是使用電腦。可以說，整個文明的演進史，就是「借力使力」的歷史。

　　雖然整體文明發展讓人類越來越有效率，但個別人們的生活方式還是經常沒有效率。並且，放眼望去，絕大部

分的人在長長的一生過後，都覺得這一生沒有效率。

為什麼沒效率？人們感嘆，這一生做牛做馬辛苦大半輩子，收入僅夠勉強過活；有的人感慨，人生苦短，回首一生，大部分想做的事都沒做。為什麼不去做？第一，沒錢；第二，沒時間。

當投入同樣的時間，最後獲得的是不滿意的結果，就是沒有效率的人生。為什麼會沒有效率呢？觀察一下大部分人的生活方式，雖然努力打拚，但卻少了「借力使力」的運用，單靠個人之力，當然難以成功致富，達到快樂幸福。

怎麼樣借力使力？如同在機械構造裡，透過槓桿原理，可以用最少的施力搬運最多的東西。那什麼是我們的人生槓桿，可以幫助我們做事更有效率呢？

人生五大槓桿力

人生有五大槓桿可以借的「力」，每個「力」都可以讓我們的效率加倍。

這五個可以借的「力」，有的需要靠命運，例如「血

緣」，有的則是只要努力人人都可以擁有。重點不在有沒有這個「力」，而是懂不懂得「借力」。

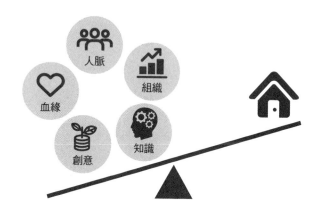

1. 血緣

這是影響最大的力，可惜，也是最需要靠命運的力。

拋開仇富的心態或酸葡萄心理，不可否認，出生富貴人家，銜著金湯匙出生的人，一出生就比別人更容易達到成功。我不排斥那些倚仗祖先財富創業的人，我認為只要把賺的錢回饋社會，我們不需要冷眼看那些所謂富二代或貴公子。純以效率學的角度來看，出生有錢人家這件事，就是讓他可以成為最有效率的人的最大法寶。雖然如此，多的是擁有法寶卻不會用的人。並且出生富貴的人經常犯

了借力使力的大忌，這我在後面會說。

除了出生富貴外，還有什麼方法可以透過血緣關係借力使力？有的，就算自己的親族沒有富人，我們還可以透過婚姻締結姻親關係，包括自己的婚姻、包括自己兄弟姊妹的婚姻。在此要強調，我們不鼓勵非法的或心術不正的借力使力，在此說的借力使力，純粹就是當你真的有這樣的資源，你可以善用。好比說，你本身就有創業的實力，靠著血緣的關係，可以得到更多資金幫助夢想實現，我絕對贊同。

我知道有些人鄙視那些向家中拿錢創業的人。但以效率學的立場，既然你何其有幸比別人更多一層資源，只要沒違法或有虧道德，透過家族力量成長是天經地義。至於，有些有錢人的第二代，為了展現氣魄故意不和家人拿錢，想獨力自闖事業，這我也很佩服。以效率學立場，我鼓勵年輕人在三十歲前多多闖蕩，有的富家公子為了體驗生活刻意去做粗工等等，這些經驗都有正面效應。但這些經驗的學習與體驗，並不妨礙他們要創業時爭取到家族的金援。

2. 人脈

不是人人都可以出生富貴。但的確人人都可以建立起自己的人脈。

人脈的建立是公平的，在民主社會，沒有人規定你不可以多交朋友。當然，我們交朋友，若有不正當企圖，為了對方有錢才接近，這不是我所鼓勵的。但的確，若我們多多交友，透過人脈幫助自己成功，是最普遍常用的「借力使力」。

事實上，我們現在所看到的那些知名企業，沒有一個老闆本身不是善用人脈的。他們都是政商管道暢通，如紅頂商人般在許多場合都吃得開，並且「物以類聚」，有錢人總是和有錢人在一起，分享第一手的情資，建立第一手的合作關係，彼此槓桿相乘，經常會讓這些有錢人變得更加有錢。

但我們不是那麼有錢的一般人，要如何建立自己的人脈呢？主要靠的是兩件事：第一，是修養自己；第二，是積極社交。

怎樣靠自我修養提昇人脈呢？那就是讓自己成為開

朗、有誠意、有特色、有專業。最重要的一點是讓自己變成「有利用價值」的人。聽起來很現實，但這卻是進入社會不得不面對的事實。

只要你有價值，人們就會需要你；當你被需要，你就可以累積人脈。

另外，常常面帶笑容、擁有別人無法取代的個人風格，或者嘴巴很甜等等，都可以讓你變得更吸引人。

所謂貴人，不一定靠命運安排而來，貴人的出現，還是要你有足夠的魅力來吸引。

至於積極社交。交的朋友越多（但不要是狐群狗黨、酒肉朋友），就有越多借力使力的資源。

有哪些社交場合可以參加呢？這些場合，有的有資格限制，例如青商會，但大部分都是可以自由參加：

- 商業聯誼組織：青商會、獅子會、扶輪社
- 公益性社團：宗教志工（如慈濟）、慈善公益組織志工（如紅十字會）
- 在地組織：如加入里民志工、同鄉會、校友會
- 工會、商會

- 學習性組織：社區大學、成人補習班

另外，我個人非常推薦的，那就是可以去念 EMBA。

我知道有許多企業家老闆讀 EMBA，學位只是其次，真正的目的還是要多認識其他企業家。要知道，「同學」的情誼非同小可，影響力甚至比商會會員情誼還深，因為彼此一起上課共同研究，兩三年下來，締結的友誼，力量是很大的。

3. 組織

透過組織借力使力，經常第一個想到的都是老闆，老闆們都是養一群員工來幫他做事，借員工的力來賺企業的財。但其實，人人都可以透過組織借力使力。

透過組織借力使力有三種方法：

（1）**透過組織，學習經驗**。單靠你自己，有可能懂那麼多商業技能、業務知識嗎？大部分企業家在當老闆前，都當過員工，那些社會經驗都是來自組織的訓練。

（2）**透過組織，交際人脈**。這人脈，包含三個層面，第一，是你的長官，可以教你經驗；第二，是你的同事，

可以變成以後的夥伴；第三，是你的客戶，即便以後你換了公司，他還是可以繼續當你的客戶。

（3）**透過組織，加強你的力量。**當你是一個普通的人，你可以隨便走進其他公司嗎？但當你穿上大公司的制服，代表公司，你就可以出入很多場合。我們在職場上，我們公司後面的整個組織都是我們的力量。

4. 知識

人類文明發展，最大的借力使力源頭，就是「知識」。不是有句話說，「站在巨人的肩膀」嗎？站在前人的基礎上，一代代的科學家，發現了物理、化學、生物、天文各領域的新知，建構了如今的理性世界樣貌。從哥白尼、伽利略、牛頓到愛因斯坦，一路走來，每個人都站在另一個巨人的肩膀上，看到了更大的格局，開創了更新的視界。

近代科技的發展，造就了一個個世界首富，從電腦到網路，我們的世界整個改觀，創造了前人怎麼也想像不到的新境界。從比爾‧蓋茲、賈伯斯到臉書的馬克‧祖克伯、阿里巴巴的馬雲。每個人也都是站在原本科技巨人的肩膀

上，再造新局，成就另一個時代。

我們如今想要成為一個網路創業家，不用從零開始去研究什麼是網路，同樣的，我們想要成為大富翁或有錢的專業人士，透過知識也可以很有效率的到達。

閱讀是增進效率最好的方式。因為書本本身就是效率的具體呈現。一個名人花一生累積的智慧，你可以用兩三小時就吸收；富人們的致富菁華，你都可以花兩三百元就買到，閱讀可說是人們最不可或缺的效率工具。

5. 創意

一個好的 IDEA，可以幫助你成為大富翁。所以一個好的 IDEA，也是一個很大的槓桿之力。但是好的 IDEA 和金錢之間有一個關卡，這個關卡就是募資。基本上，只要你有創意、有好的想法，這世上絕對有人願意投資你，差別只在於，你要花多少時間找到這些願意投資的人。

基本上，募資有三種形式：

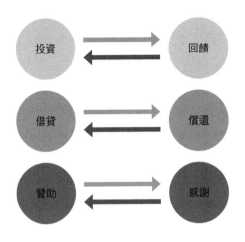

投資　　回饋

借貸　　償還

贊助　　感謝

（1）投資

當你有好的想法，可以寫成企畫案，去募集資金。最
常見的資金管道有三種：A. 創投公司、B. 大財團，或有錢
人（所謂的金主）、C. 親友集資。

所謂投資，就是看好你的未來，認同你的創意將會賺
錢。而投資的形式，有的是具體成為股東。事實上，上市
公司就是一個大型的公開投資機制。有的則是簽訂投資協
議。

不論如何，透過募資，你可以借力使力，讓你的夢想
趕快實現。而且那效率差別很大，原本沒有資金，你可能

要工作慢慢存錢，十年、二十年才可以夢想成真，現在有了資金讓你借力使力，夢想可能一年內就可實現。

當然，前提還是：「你的 IDEA 夠好」！

（2）借貸

這也是常見的方式。投資和借貸的差別，只在於合約的簽定方式，一般來講，所謂借貸，就是借錢，依約還利息。至於你因借貸而致富賺的錢，不用和借貸者分享。相反地，投資，就是看準你的實力，當你真的賺大錢了，要和投資者分；但是如果你創業失利，投資者也只能摸摸鼻子認賠。

借貸的管道有三種，當然這裡指的不是去和親友借錢週轉，或去地下錢莊借貸那種借錢。這裡指的借貸，是有人看好你的 IDEA，但知道你資金不夠，所以願意借錢讓你實現夢想。通常，借貸要償還利息。

借貸管道也是有三種：A. 政府（例如青年創業貸款、圓夢計畫貸款）、B. 大財團，或有錢人（所謂的金主）、C. 親友集資借貸。

（3）贊助

只因你的 IDEA 好就願意無條件出資者，聽起來像作夢，事實上卻真的有，而且管道不少。先不考慮親朋好友的贊助，純以公開管道來說，主要也是三種： A. 政府（政府每年有數百億的補助案，專門協助企業或個人圓夢。例如經濟部的 SBIR 專案、文化部的各種文創補助案）、B. 有些企業集團設有公益性質的圓夢基金、C. 集資網。

所謂贊助，就是不求回饋。例如政府的各項補助，就是給你錢，你事業成功了也不用還。嚴格來說不是不用還，而是還的方式不同，政府的觀念是，你的事業成功可以提昇國家經濟力、增進市場就業，這就是你的回饋方式。

這裡特別要介紹**集資網**。

在國外，集資網很風行，有許多專業的網站，只要有好的想法，能夠清楚明白的把理念、作法寫出來，公布在網站上供人們檢視，若得到認同就可以從網路上集資。這些集資可以分成三種：a. 純粹贊助——投資你的想法，不求回饋；b. 專案投資——當你成功了，要依照合約回饋（網路上有合作約定，當你匯款就代表認同該約定）；c. 購買商品——例如，有人在網路上公告要研發一款特別的手錶，

但因為資金不足，於是將這款手錶的創意以及研發成功後
上市的售價公告在網上，認同這個理念與產品的人，就可
上網投資，回饋是當產品出來，你第一個拿到錶。

　　也許有人認為，這投資的收穫只是一只錶，那還不如
等到上市後再去買就好。但其實贊助的重點有兩個，除了
他可以比別人更早拿到那只錶外，更重要的是那種參與感，
以及幫助別人的成就感。

　　2015 年在台灣也已經有集資網了，雖然礙於法律的
規定，我們不能像海外一樣有專案投資。什麼叫專案投資？
依照現行公司法的概念，我們若投資一家公司，就成為該
公司的股東，不論投資的金額多少。就好比你買了鴻海的
股票，你就是鴻海的股東，就算股數再少，你還是股東，
當年度分紅時，你還是拿得到分紅。

　　專案投資不一樣，這投資是「針對專案」但不針對背
後的母公司。好比說，華人圈知名的電影公司華誼電影，
就時常運用專案投資的概念，例如他們要拍一部電影，便
會把電影企畫公開展示並對外募資，等得到資金後再來開
拍。投資人也只針對該部電影投資，若這部電影賣座失利，

你只能自認投資失敗，跟華誼其他部電影的賺賠無關。因為你是那部電影專案的股東，不是華誼電影的股東。

在台灣，一個很知名的集資概念，就是 2014 年的太陽花學運時，為了要在海外媒體刊登廣告，需要廣告刊登費以及版面設計費，於是透過網站公開集資，當時這筆刊登費與設計費就是透過網路公開集資而來的。許多集資網上面都可以看到年輕人們的各種創意，只要你認同，就可以花一些小小的錢投資該創意。

事實上，將集資的概念廣義來說，任何的預先收費都是集資。

所謂集資網，是指將尚未實現的夢想，透過集資來實現。但廣義的集資，可能商品已經有了，只是還沒發行。但預先收款，那就是集資。最常見的是音樂出版和書籍出版，一些重量級名人要出書了，書店會打出預購打幾折的公告；知名歌手發行新專輯，也經常採用預購的方式。另外，演唱會也是採用預購售票。2015 年年初轟動一時的江蕙告別演唱會，也是透過預售票制度，六月要開的演唱會，大家在一月份就為了排隊買票吵到上新聞頭版。江蕙

的告別演唱會「預先集資」的金額非常龐大，只依一般正常票價計算，不列入黃牛票，就賣出超過十六萬張，每張票平均二千元，預收款超過三億。

另一個社會上普遍見得到的集資，就是各式各樣的會員卡、儲值卡。

當一筆消費還沒正式發生，你就把錢投進去了，這種資金預收，就是廠商的資金運用效率。

善用會員卡的機構，不但可以無後顧之憂的銷售產品，並且因為事先吸收很多資金，等於兼具半個銀行的功能，那些預收的錢還可以做額外的投資運用。

借錯力，會使不上力

借力使力雖然很有效率，但有幾點錯誤的借力使力，不但不能帶來效率，還會帶來負面影響：

1. 借錯力

能借力當然很好，但力不能借錯。以交友來說，以為朋友越多越好嗎？那可不一定，若交到損友，一來他們只

會帶給你錯誤的影響，包括錯誤的習慣、錯誤的觀念，二來，他們甚至可能反過來危害到你。

另外，其他的力也一樣，例如知識，正確的知識讓你借力使力，但錯誤的知識可能害你走錯方向，反倒落後正常人的步調好幾年。有些青少年年輕時交到壞朋友，學到不好的知識，影響的是往後十幾二十年的寶貴青春。

以人脈來說，也別以為靠近有錢人就可以得到力量。事實上，有錢人最值得學習的是他們「成長奮鬥」那段，若只單單接近有錢人，很可能只是看到他們「花天酒地」的一面，因為很多有錢人因為錢多到花不完，而有些習慣不一定值得效法，例如花錢如流水或進出聲色場所等，若你跟著有錢人，好的沒學到盡學壞習慣，那就是借錯力。

以真正和有錢人學習來說，如同前面提過的，去讀EMBA是種好方法，在那種學習的場合交到的朋友，可以學到好的習慣。另外，最快學到有錢人菁華的方法還是閱讀，透過書本，得到的是這些有錢人致富的真正菁萃。

2. 太依賴別人

　　借力使力當然好，但若完全仰仗別人的力，想不勞而獲，結果往往不那麼好。以富二代來說，理論上他們出生的條件比人家好，更有可能追求到成功，但為何有句話說：「富不過三代」呢？原因就在於，這些人一出生就享受富貴，缺乏磨練，成功得到得容易，但本身能力沒有真正增長。一旦可以罩著他們的力量不見，例如父母過世，或者他們自以為很行，自己去外面開公司，往往就容易遭遇重大挫敗。

　　同樣的情況也適用在其他資源。

- 一味的依賴人脈，自己卻沒什麼本事。老是和別人要東西，自己卻不做出什麼貢獻，久而久之，人們會和你疏遠。

- 一味的依賴知識，自己卻不思考，一旦碰到變化，只會照本宣科。如同三國時代的馬謖，只會紙上談兵，落得街亭慘敗。

- 一味的依賴集資，自己卻不真正努力，只靠一時的創意騙到一些資金，但想得多做得少，最後賠上的

不只是計畫失敗，也讓信用破產。

3. 槓桿太大

有聽過這樣的故事：有個人要創業，因為沒有資金，向外找來金主投資，公司開張了也經營出成績，但是由於自己實力太弱，營運權都落在金主身上，最後還被趕出公司，創意也變別人的，落得只為他人作嫁。所以借力使力也是種學問。

真的借力使力，不但要借到力，並且要能掌控力。

最有名的例子是三國時的劉備，眾所皆知，論武功，他不如關羽、趙雲、張飛，論智謀，他遠不如諸葛亮、龐統，論後勤，他也比不上他底下的眾多文官。可以說，他什麼都不會，只懂得一件事，那就是「借力使力」。就是說，他本身能力沒那麼強，但卻可以讓別人的能力成為他的能力，這才是借力使力的最高境界。

當一個人借力使力的功力達到極致，等於全天下的力都可以為他所用，這等於是無敵的效率境界了。

變與不變的效率轉換

　　如同太極的概念，生生不息。這「不息」指的不是不要休息，而是不斷改變。就好像我們看到一個清澈的池塘，表面上看起來平靜無波，但實際上，其下面一定有源頭活水，常常保持水的流動，不會淤積汙泥，讓水變濁變臭。

　　最常見的生生不息的例子是什麼？不是別的，就是「我們人類自己」。每天起床照鏡子，昨天長這樣、今天長這樣，明天還是長這樣，我就是我，沒在變。但實際上，人體每天都在新陳代謝，每天有數千萬的細胞死亡，然後被排出體外（透過汗水以及一般排泄），每天也有數千萬細胞誕生。可以說，每過幾天，全身的細胞就換過一輪，人體真的就是典型的「生生不息」。

　　如果沒有一次又一次的細胞替換，人體的運作就會出現困難，全身都是疲乏的細胞，力竭衰亡（事實上，人的老死就是因為細胞更替變慢，失去新陳代謝的效率）。

人本身印證著「變」與「不變」，但如何在變與不變中做最佳轉換，提升生活的效率呢？中國古籍中就有很好的指示，那數千年前的智慧，現在還是可以做為全人類的指南。

《禮記·大學》有云：「大學之道，在明明德，在親民，在止於至善。知止而後有定，定而後能靜，靜而後能安，安而後能慮，慮而後能得。物有本末，事有終始，知所先後，則近道矣。」

定、靜、安、慮、得，是效率轉換的關鍵

從字面上來看，《禮記·大學》這段文字在追求「至善」，似乎是種純哲學，甚至宗教感覺的境界。實際上，《禮記·大學》的文章是很「務實」的，其中深含帝王營運學的概念，其後文章對此務實也有直接的表達：「心正而後身修，身修而後家齊，家齊而後國治，國治而後天下平。」修身、齊家、治國、平天下，是古代知識分子的理想，放到現在，不也是現代人追求幸福效率人生的典型嗎？

「定、靜、安、慮、得」代表著五個心境的階段，也

正是我們掌握效率轉變的關鍵。

定

　　以現代的定義來說，「定」不只是指安定，而是指「定位」。就如同我們出去旅行迷路時要找路的第一件事，是確認「自己在哪裡」，然後再依照「自己想去哪裡」，找出該怎麼走。我們人生，也時時要做好定位。

　　以幸福效率來說，以旅行來比喻，同樣也是先知道「自己在哪裡」，然後再依照「自己想去哪裡」規畫路線。

可以說「定」，就是「不變」的主意涵。如果一個人，今天的願景是這樣，明天又變那樣；或者今天說喜歡理工，

明天又說還是商學好，天天在變，連「定」都做不好，就別談以後了。

靜

「靜」是種境界，這所謂靜，指的是兩種情境的靜，第一是環境上的靜，第二是指心情上的靜。一個人若可以時時追求心情上的靜，那麼，即便在城市喧囂聲中，仍能讓自己的心不被外界聲浪干擾，靜下心來想事情。即使如此，通常還是希望能找個「較安靜」的地方思考，例如到公園裡，或者進入室內關起門來，所謂「閉關」，就是在做內省思考。

就算有個安靜的環境，若心不能靜，也無法想事情。靜的另一層境界更難。心情上的靜，是即使身邊的人都在喋喋絮語，你也能在眾聲喧嘩中有自己的主張。許多勵志書裡都提到，一個人要去創業、要去創新、要去從事新挑戰，周遭的人經常都是一面倒的反對，此時，自己的心能夠不被這些反對意見所牽絆，就是要「心靜」。

在幸福效率學中，我們已經有了「定」，也就是有了

自己的定位，包括確定自己的志向、自己的專長等等，但還得要經過「靜」的步驟，仔細思考過。才能確定。思考什麼呢？

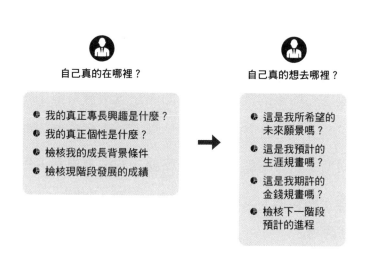

許多人以為自己「定」了，其實，那所謂「定」，可能只是別人為你安排的「定」。包括念書，通常都是家長幫孩子設定好要念什麼。包括一個人進入社會時，他背負的眾人期許，包括父母親族也包括師長朋友的，但就是沒有自己對自己的真正期許。

所以，一定要經過自我反思的步驟，才能確認自己的「定」，是真正的「定」。

安

　　經過「靜」的程序，確認自己的「定」，這樣才能守住你的「不變」，去面對世界的「變」。可以這樣舉例，當我們開車要去一個地方，若準備不充足，在車上可能會有這樣的對話：

　　「我們現在是在某某鄉，等一下就可以到某某市了嗎？」

　　「應該是吧！看起來好像是這樣。」

　　很多走錯路的情況，就是這樣來的。結果浪費了很多時間在走冤枉路，一直開錯路，去又折返，直到最後靜下來把車停在路邊，好好翻閱地圖並和路人確認所在何處，才算「真正」上路。

　　人生也是如此，並且這情況還真多見。

　　一個學生讀到大三才要轉系，因為他受不了一直背負家長期許，去念不是真正有興趣的科系，到了大三終於鼓起勇氣，要依著自己心聲走，但過往他已浪費三年了。

　　最常見的是職場上，有的一年換二十四個工作，做一行怨一行，因為他一直在「走錯路」，這情景不正像是前

面所舉的開車迷路例子嗎？但人生沒有太多時間讓你一直去又折返。所以要「定」，要「靜」，追求一種心「安」。

「安」的境界是什麼？就以上述的開車繼續舉例。

「我們現在是在某某鄉，等一下就可以到某某市了嗎？」

「是的，我們現在在某某鄉的某某路，等一下再走兩公里右轉走省道，再走個十公里就到某某市了。我很確定，藍圖都在我心中。」

慮

古人的智慧就在這裡，當一切都好了，已經就「定位」，應該沒問題了。但結果，「定、靜、安」只是基本的步驟，真正的人生要不斷面對的，就是「慮」與「得」。

這就是「變」與「不變」間，轉換的智慧。

就好比開車，要經常換檔，以因應外界的變化，這個「慮」，就是那個不斷換檔的動作。所謂「慮」不是隨興的，而是要能充分做到「應變」功能。

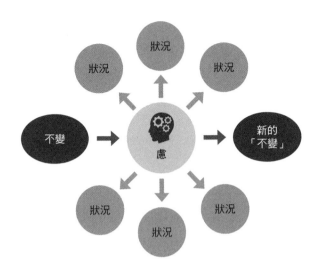

　以開車來說，懂得守住自己的原則（知道自己的目的地，以及了解自己車子性能），要再配合不同情況調整。好比說，前方道路施工不能通行，要懂得換條路；碰到爬坡要換檔；快沒油了要去加油等等。一連串的「變」之後，最終仍可以成功到達「不變」（原定的目的地）。

　以人生來說，懂得在守住自己原則下，不斷因應變化調整自己的人，才是真正可以得到幸福效率的人。

　慮有兩種，也就是應變有兩種基本模式：

模式 A：因應變化，調整過程，追求目標

- 一般狀況下

- 當碰到狀況時，錯誤的作法

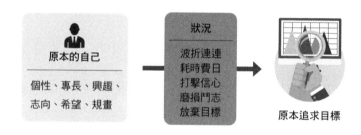

一個不懂得「慮」，也就是不懂得「應變」的人，難以達到目標。

- 當碰到狀況時，正確的作法

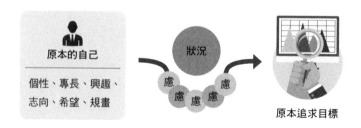

模式 B：因應變化，配合新的大環境背景，改變追求目標

「變」是時代的真實樣貌，特別是在現代，世界變化真的很快。

因此，「不變」的定義也要改。當變動小的時候，我們可以「擇善固執」，確認一定目標，勇往直前，中間經過的重重挑戰，我們都以「慮」來因應，過程中不斷調整，最終仍達到目標。

但當變動很大時，我們也不要太固執不知變通，必要的時候，目標也是可以改的。眾所周知的許多例子，例如原本世界頂尖手機大廠 NOKIA，在通信的趨勢已改變時，仍堅守原來的目標沒有變通，落得在進入 3G 戰場後，被打出市場。另一家國際級企業集團 IBM 也碰到變局，但在痛定思痛後，改變公司的目標調整定位後，再度屹立不搖。原本的 IBM 是電腦第一品牌，碰到眾家電腦廠商圍攻而失去霸主地位，但新的 IBM 以服務為導向，也再度成為世界頂尖品牌。

幸福效率一件很重要的事，是因應變局下，目標也是可以改變的。

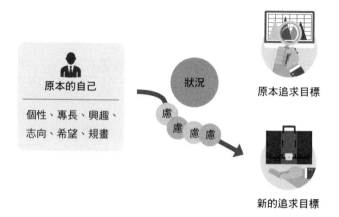

原本的自己
個性、專長、興趣、志向、希望、規畫

狀況

應　應　應　應

原本追求目標

新的追求目標

得

其實，在這世界，變雖是常態，但大部分的變都是外界，自己本身則是以「不變」為根基，不斷因應外界的變。

可以從「定、靜、安、慮、得」五步驟看出，大部分時候是「不變」導向，但最終卻可以「以不變應萬變」。

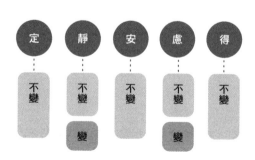

效率人生就是在經過「定、靜、安、慮、得」的思維後，守住該有的「不變」，保留彈性應變的可能，在多變的世界中追求最適合自己的「不變」。

而什麼樣的「不變」是最有效率的呢？一個最有效率的不變，是可以同時解決空間和時間的問題。

最佳的不變效率定理：

1. **做一件事，不但可以應用在 A 事情，也可以為其他事所用。**

2. **做一件事，不但可以「現在」用，還可以在「未來」用。**

多工與耐用

生活中，我們廣泛地應用這些的「不變」。我們的世界，就是因為這些「不變」才能有效率的運作。例如，當我們買一台多功能手機，可以講電話又可以上網，由於智慧型手機實在太有效率了，所以一推出短短幾年內，就改變了全世界手機應用的樣貌（過程中，也讓一些不知變通的傳統手機產業被打出市場）。

當然，「多工」不一定是好事，從以前到現代，許多新發明的多功產品，例如功能太多的洗衣機、功能太多的小工具，後來常因太多功能用不上，因而價值大打折扣。但「多工」一旦「符合實用」，影響卻是長久的，例如智慧型手機，或瑞士萬用小刀。簡言之，**「多工」就是物理上的效率。**

除了多工之外，「耐用」更是我們選擇好商品時的一大要件。

什麼叫「耐用」？包含品質夠好、經得起長期使用，也包含基本性能夠好，不被時代淘汰。簡言之，**「耐用」就是時間上的效率。**

所以當一個「不變」，可以具備「多工」或「耐用」，就是最佳的幸福效率學工具。

在人生路途，有什麼是具備「多工」或「耐用」呢？

‧ 最重要的「多工」工具，就是「學習」

學習，可以充分多工。例如，學會一種語文，可以拓

展自己眼界。並且以語文為工具，將學習拓展到不同國家的知識。學會電腦實務，可以應用在不同行業，並且可以透過電腦應用，獲取更多的資訊。若是學會業務技能，可以讓自己在不同行業賺錢，並且可以不斷拓展人脈。

　　想想看，你的人生裡有什麼是可以「學一次，致百用」？你可以列出你的幸福效率人生必學工具清單，對每個人來說，這份清單是不同的。而效率人生，就是帶著足夠的「多工」技能發展的人。

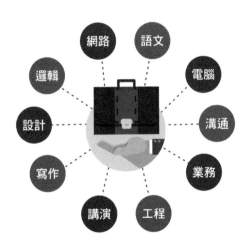

擁有越多種「多工」技能的人，就越能在成功路上占有一席之地。圖上所列的項目，都是單靠一項技能可以應用在多種領域，讀者們可以想想，自己擁有多少「多工」技能。

　　什麼是沒效率的人？只會一兩項技能的人，是沒效率的人。另外，雖擁有足夠技能，卻只能在有限範圍內使用的，也是沒效率的人。

　　職場上有種「中年失業」的現象。所謂中年失業，原因之一是因為年齡較大，反應較慢，較不被職場所接納，但這其實不是最大原因。但真正中年失業的主因，通常在於「技能上的沒效率」。好比說，有一個人從年輕到大都在公家機關上班，後來該機關被裁撤，他領了資遣費離開後再也找不到工作。理由是，他的所有技能都只能「應用在那個機關」，諸如公文蓋章、專門領域的評核等。由於不是「多工的技能」，所以才發生中年失業危機。

　　有許多實例證明，年齡大不代表找工作難，事實上正好相反。職場上普遍缺「高階有能力」的人，這種人有豐富經驗（包含業務力、專業力、社交力等等），這種具備許多「多工」技能的人，就算已經六十多歲，只要在職場上放出要找舞台的訊息，保證馬上變成各大企業搶著要的人。因為這種人不但本身是超級有效率的人，他進入企業後，也一定能帶領企業更有效率。

所以我常勸年輕人，三十歲前要多方嘗試，讓自己具備多樣經驗，不要把自己固守在一家公司。這在後面章節談論生涯規畫時再來論述。

· 最重要的「耐用」工具，就是「品格」

其實，一個「多工」的工具，經常也是經得起長時間考驗的「耐用」工具。好比說，上文提到的各種學習。學會一種語文，不但可以應用在各種領域，並且一生都適用。同理，學會業務技能、溝通技能等等，也都是兼具「多工」與「耐用」。

但也不是所有「多工」都一定「耐用」，例如電腦技能，學會一種程式，可以在各行各業應用，但電腦的世界是倍數變化的世界，今天會的電腦技能，可能只能應用個兩三年，再不學新的電腦程式，就會被淘汰。

那麼，在人生路上有什麼技能是「耐用」的？實際上，各種知識都可能落伍，包括理論上最可以不變應萬變的語文都一樣。以英文來說，一個精通英語的人將來在職場上一定有大大的優勢，但就算是英文，也會因為時代趨勢，每年有各種新用語，甚至許多年輕人的會話方式，初始也

許被定義為火星文，但隨著世代交替，大部分年輕人都用新的語法時，中老年人若不跟進，也會被時代淘汰。

連理論上最不可能被時代淘汰的語文都是這樣了，更何況是其他的技能。

但卻有一個人人要擁有的「耐用」工具，它不會為因時代變遷而影響，那就是品格。

越早擁有好的人格特質的人，成功的機率越高。

什麼是效率人生裡，必備的品格呢？其實這也是依不同人的個性而定。效率人生，就是帶著足夠的「耐用」特質發展的人。

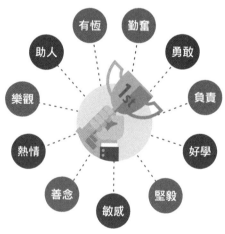

擁有越多種「耐用」技能的人，越能面對不同挑戰，越能在成功路上占有一席之地。圖上所列的性格，都是可以福惠一生的好品格。但不同個性的人可以發展不同的好品格。

有句話說，學習要趁早。以效率學來說，這句話看似對的。但其實，有一定的迷思。真正的說法應該是：對於整體人生有益的事，學習要趁早。

　　很多學問，其實不是早學早好，相反的，在孩童發展還未到那個階段，就強制學一種東西，一方面剝奪他的童年樂趣，二方面這樣的學習常帶來反效果。例如，小小年紀就強迫學鋼琴、學語文，這有時候有效，但更多時候，反而帶給孩子成長的陰影，長大後內心會排斥那樣東西。

　　另外有一句古人的智慧也很重要，那就是「小時了了，大未必佳」，也正反映了，不同學習階段有不同的任務。一個在小學時總是考第一名的人，也許因此變得驕傲或者養成錯誤的死讀書習慣，乃至於中學後，因應多元化學習，不能適應，成績一落千丈。

　　那麼依照幸福效率學來說，什麼才是「學習要趁早」的項目呢？我認為是「品格」以及「溝通」。這部分在之後有關教育的章節，會再闡述。

　　基本上，一個追求效率的人生，就是在有限的時間內，達到最佳的人生發展，並且做到多樣平衡。這必須輔以許

多的「效率」工具，包含學會一次，就可以應用在多種領域的「多工」效率工具；也包含，學會一次，就可以應用在長長人生各階段裡的「耐用」效率工具。

各位讀者檢視自己的人生，若覺自己對人生不滿意，不論是職涯發展不好，或者收入遠小於期望，那很可能就是自己具備的效率工具不夠，好比說英文不好，在職場上發展有限，或者不擅業務技巧，收入總是碰到瓶頸等等。

學習是一輩子的事，保持學習的心，持續增強自己的「效率」工具，以不變應萬變，追求幸福人生，永遠不會太晚。

第二章 重點復習 ✏️

放諸四海皆準的效率學基本前提

1. 要先做好規範，才可以成就符合規範的效率
2. 世界上唯一不變的道理，就是一切都會變

追求變化、適應變化，可以是種基本能力，但最終仍要取得一個不變的基準，才能建立效率。

最有效率的人，也是最能夠時時調整自己，因應不同變化的人。這變化包含人、事、時、地、物。

借力使力才能打造效率。
人生五大槓桿力：血緣、人緣、組織、知識、創意。

借力使力透過外界資金可以實現自己夢想。
資金來源可以是募資、借貸及贊助。

錯誤的借力使力

1. 借錯力
2. 太依賴別人
3. 槓桿太大

《禮記·大學》所說的「定靜安慮得」，就是「變」與「不變」效率轉換的關鍵。
當一個「不變」，可以具備「多工」或「耐用」，就是最佳的幸福效率學工具。
最重要的「多工」工具，就是「學習」。
最重要的「耐用」工具，就是「品格」。

PREDICTION
BUSINESS
STATIST
ATEGY
ANALYTICS
INSIGHT
GRAP
ROCESS
x
y

生涯規畫篇

時時刻刻有效率

　　我很喜歡研究老莊的思想，雖然書中的句子都是短短的，但會發現，裡頭的智慧永遠學不盡，隨著年紀增長，不同的人生階段，還會看出不同的奧秘。

　　這樣說也許很奇怪，但我覺得這世界上最早談效率學的書，也是至今為止把效率展現得最貼切的書，就是《老子》（道德經），不是嗎？

　　《老子》一書總字數只有 6,620 字，卻能說盡人生一切道理。比世上所有長篇大論的書籍更具影響力。

　　《老子》誕生於距今四、五千年前的春秋時代，但其內容歷經幾百世代，都不減其魅力，還拓展到全球。

　　《老子》的學說不僅影響中國最大的宗教（道教），還影響不同國家的文化，可以說整個東方文化包含日、韓、東南亞等文化的大基底，就是老莊哲學。

　　《老子》告訴我們什麼？

　　書中告訴我們：「人法地，地法天，天法道，道法自然。」整個生命觀是一體的，所以做什麼事都是相互關聯，以效率學來說，既然牽一髮而動全身，就更應該重視效率。

　　書中闡釋了陰陽的基本道理，據此衍生的太極符號，代表萬事萬物的最高境界，從無到有，有一生多，環環相

扣，生生不息，所謂：「道生一，一生二，二生三，三生萬物。」世界上最有效率的應用，就是陰陽調和的應用，如同太極拳，武俠小說裡張三丰所傳授的太極拳絕學雖然很戲劇化，但現實生活裡，當做到太極圓融境界時，是最佳的狀態。

書中告訴我們，以柔克剛，用最不耗力氣的方式來因應世間的各種挑戰，這也是最有效率的處事方式。順時順勢，依照事理原本的脈絡而行，不要逆勢而為，絕對是最有效率的。

書中更強調「方法論」，所謂「道」，也就是「人們所循沿的道路」。包括行為規範、行為準則、處事方法，系統的組織範式、執行的程式規則，以及各種存在物的運動規律等。《老子》一書，就是告訴人們「應該怎麼走」的學問。

本書不是哲學書，不特別分析老莊學說。但我只想說，其實：**效率學就等於是生命學。**

坊間任何教授效率學的書，若不是以人的整個生命為考量，就不是真正的效率學，充其量，只是「快速賺錢術」「工作升遷術」，或者「時間管理方法教材」。

宏觀效率看人生

有一個觀念人人都曉得，那就是：**人生是一個整體，效率應用也應該是整個一體來看。**但實際應用時，很多人卻不是這樣想，舉幾個例子來說：

忘了時間是單線前進的

人們喜歡說，「有空再說」、「下回再說」。如果只是應酬話那沒問題，但如果是屬於重要的決定或本來就該做的事，現在不做將來還是要做，許多事原本可以現在順手解決，卻要拖到後來手忙腳亂。因為人們誤以為「時間很多」，或者以為可以「回頭再做」，如下圖所示：

想像自己在單向道上開車，沿途會經過一個個寶盒，每個寶盒打開裡頭是人生一個個階段的報酬，可能是金錢，可能是獎勵，可能是榮耀。

正確有效率的作法應該是：

當你經過紅寶盒時，「順手」取紅寶盒，經過綠寶盒時「順手」，取綠寶盒……依此類推。

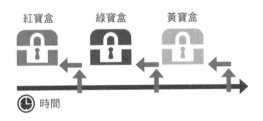

但是一般人常犯的錯卻是，當機會來臨時，不當下把握，反而心想「以後再說」，但由於人生是單向道，時間不能回溯，所以最後只會產生兩種結果：

　　第一，不能在第一時間點取得紅寶盒，過頭了再拿。由於時間只能前進不能回頭，你只能停下手邊的事情，花比以前更多的工夫，才能取回紅寶盒。而由於你浪費時間去拿紅寶盒，當你經過綠寶盒時，你又錯過了，只好「將來」再回頭拿，就這樣一路錯過，每件事都錯過，一路錯到人生結束。

　　第二，或者乾脆放棄紅寶盒。也許你說大不了就放棄，但問題是，也許當你經過綠寶盒時，才發現打開綠寶盒需要一把鑰匙，但那把鑰匙放在紅寶盒裡。依此類推，也許下一個黃寶盒的鑰匙，就放在綠寶盒裡，於是，雖然你只放棄一個紅寶盒，到頭來卻發現自己必須放棄很多個。

　　讀者以為紅寶盒的比喻只是寓言嗎？很不幸，那是人生的現況。最佳的例子是求學。雖然這個例子比較極端。

　　假定有個人在應該念小學的時候，因為貪玩而晚了三年，三年後他可以回頭去念小學嗎？當然可以，只是會增加很多麻煩，學習也會很困擾。但他可以不去念小學嗎？當然不行，因為小學不念，後面的中學就不能念，中學不念，就不能念大學了。在現代社會，不念大學的人要找到

好的工作不容易。一環扣一環，一開始晚了三年，最後誤了一生。

　　或許讀者會舉很多例子反駁，包括有人因特殊情況晚學，有的人教育程度不高後來卻成為富翁。但如同反駁的話所說的，那些都是「特殊情況」，一個晚學的人，後來成績可否追上來？的確是可以的，但真的要多花好幾倍工夫。至於教育程度不高後來成就很高的，首先，這種例子不多，也許一百個中只有一兩個成功，人們只看到成功的案例，忘了另外九十八個失敗的案例。再者，這些成功的人，一定有其他奮鬥的歷程，他們雖然在某些時間點浪費掉了，但會在其他時間點犧牲其他因素加快腳步追上來，其中最常犧牲的兩件事是健康以及家庭。

忘了時間是「相互交錯」的

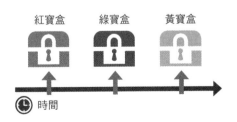

　　這個圖是以單一個人的角度來看的，但若放入其他人的動線，就會變成：

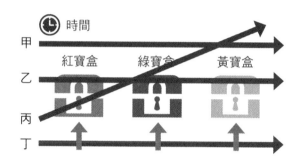

　　當我們錯過一件事情時，不只是個人的問題，也影響到該個時間點的其他人。以上圖來說，假定某甲錯過紅寶盒，想要回頭拿，但原本取得紅寶盒需要搭配乙丙丁，但當你想回頭取紅寶盒時，乙丙丁已經不在那個交會點了，也許你還是取得了紅寶盒，但結果卻完全不同了。

　　這所謂的不同，往往代表著「遺憾」。什麼是現代人最常見的兩大遺憾：

　　第一大遺憾：子欲養而親不待。許多人在年輕、在中壯年的時候，沒能好好善待父母。在青年時候忤逆父母，長大後忙著賺錢，每當想要看望父母，就想說「下次再

說」，一個一個的「下次」累積，直到父母過世，才驚覺一切太遲，後悔已經來不及了。

第二大遺憾：不能陪孩子成長。許多企業家在外頭風風光光，開名車、上媒體。但私底下的生活，卻灰暗空虛，因為孩子把他當陌生人，也許在孩子眼中，他只是個賺錢機器，但沒什麼感情。一切只因在孩子成長時，大人們一直在說「下次再說」，你可以等，但孩子的童年不能等，錯過了就永遠錯過了。

讀者會發現，我所談的效率，跟一般談的教人如何快速賺錢不一樣，但，你一定也會發現，我所談的效率，是真正的效率，也就是幸福效率。

當人們談效率，卻不以「整個人生」的觀點來考量，這樣的效率，一定會犧牲生命中其他重要的元素，這是錯誤的效率。

請切記：

效率不是單一概念，效率應該是種人生哲學，適用在各個層面：事業、交友、學習、理財、家庭教養等等。

怎麼樣做好生涯規畫

　　什麼計畫都可以出錯，唯有人生規畫不能出錯。**因為人生只有一次，不能重來。**但我很訝異的發現，這麼重要的事，很多人卻是「完全沒有規畫」。

　　如同《孫子》所說的：「夫未戰而廟算勝者，得算多也；未戰而廟算不勝者，得算少也。多算勝，少算不勝，而況無算乎！」

　　我們用心規畫人生，都不一定可以樣樣平順；何況是完全沒規畫的人生，那肯定會是很糟糕的人生。

　　很多人會拿出禪學或老莊等學說當擋箭牌，說人生就該「順其自然」、「無為而治」，說人生「不要強求」。但這樣的說法忘了一個大前提──人生要先努力付出，結果才能順其自然，如果什麼都不做，那就是守株待兔型的人生，就是坐吃山空的人生。

我們的確可以「順其自然」，但前提是我們已盡心盡力

真正的人生態度應該是，追求一個目標，我們全力以赴，當可以做的、該做的我們都做了，那就可以問心無愧。之後的結果，不是我們可以掌控的，此時，就需「順其自然」。

好比說，孩子努力用功讀書，上課也認真學習，終於參加了學校甄試。當考完試後，家長對待孩子的態度，就是告訴他們：「那光榮的戰役你已打過，無怨無悔。」至於考試成績，就靜待放榜結果。

在公司裡打拚也是一樣。我們爭取一個重要的客戶，事先做好了為客戶量身打造的專業規畫，並且很認真的做了 PPT，經過團隊的合作，我們也去向客戶做了一次完美的簡報。可以說「該做的都做了」。在等客戶回應是否要和我們簽約的時候，就可以「順其自然」。

若你什麼都沒做，然後當老闆問你後續怎麼進行，你卻回說：「順其自然。」我肯定你在這家公司待不久。

我們的確可以「無為而治」，
但前提是我們已建立制度

　　我最佩服的哲學家老子，他的名言是「無為而治」。歷史上，的確也有幾個朝代以無為而治聞名，包括漢唐盛世，都有過一大段無為而治、人民幸福快樂的歲月。

　　但所謂無為而治，絕不是什麼事都不做，事實上，老子的本意，無為而治就是效法自然原本的韻律，放在政治上，就是要執政者順應民心。漢唐無為而治的前提，都是因為有唐太宗、漢高祖等偉大的帝王先打了深厚的基礎，後世才能守成，締造安樂。

　　然而，現代人若將這種觀念誤用在生涯上，錯把無為而治當成是「得過且過」，甚至自以為「瀟灑愜意」，那付出的代價將是「老年徒傷悲」。

　　別忘了，雖然有句話叫作「無為而治」，但也有句話叫「生於憂患，死於安樂」。生涯規畫，不可不慎。

　　生涯是一定要規畫的，並且規畫要趁早。

　　前面曾說過，人生就像一個單向道的車，時間只能前進，而在不同階段有不同的任務。但人生的規畫，是該怎

樣的呢？

　　如果我們一切都先訂死死的，好比說，六歲念書、十八歲當兵、二十二歲開始工作、二十五歲結婚，二十六歲生第一個小孩、三十歲升主管並貸款買第一棟房子⋯⋯

　　如果人生就是一個「注定」「按表操課」的狀態，這樣的人生很無趣，與其說是我們在過人生，不如說我們只是人生運作路上的傀儡。這不是我們要的人生。

　　但如果我們的人生，一切都「隨緣」，一切都「隨遇而安」或「且戰且走」，那不只是隨興，根本就是隨便。

　　你的人生可以隨便嗎？

　　不要跟我舉什麼大作家，或者冒險家的例子，不只因為那些人是特例，也因為那些人在寫作、在冒險前，也都是經過一番努力。表面上，他們會過著多彩多姿或冒險犯難的「浪漫」人生，看似是他們人生的奇遇。其實在那之前，他們一定也經過種種的生涯規畫，才能建立一定實績。

生涯規畫，以三十歲為分界

　　我對幸福生涯學的建議：應以三十歲為界，三十歲前多方嘗試，三十歲後立定目標。

　　以三十歲為界，因為人們不是不想做生涯規畫，而是因為資訊不足。一個小朋友，如何做生涯規畫？就算請父母代勞也不行。他們頂多有夢想，想當總統、想當太空人，但不能做真正的生涯規畫。

　　一個高中生，如何做生涯規畫？就算請教輔導老師也不一定行，因為他們仍在成長，尚未看過世界的他們主要的資訊來源就是電視，但看電視做出的判斷，並不會是最準確的判斷。

　　一個二十歲的大學生，如何做生涯規畫？就算他滿腔熱血，胸懷大志，也要有個投入的場域。常見很多年輕人，很激情，不論參加遊行或者社會運動都很投入，因為他們尚未找出生涯的戰場，只將所有熱情奔放在這類的場合。

　　就算是一個已經入社會的二十五歲年輕人，也還不確定可以做生涯規畫，因為尚未歷練過的他們，到的一切都是浮面。

他羨慕頂尖業務員，月入數十萬，但他不知道人家背後付出多少辛苦。

他羨慕證券從務人員，穿得光鮮亮麗，走路彷彿睥睨群雄。但他不知道，那些光鮮亮麗的背後，許多人都要看心理醫生才能睡得著覺。他不知道，許多慈眉善目的老闆，也許下個月就會變成報紙社會版上捲款潛逃的通緝犯。

他不知道，許多時候他自以為在幫自己數鈔票，其實只是在幫老闆數鈔票。

效率的基準，就是充足的資訊，而正確的資訊，不是表象的資訊，需要歷練。

所以我強烈建議，如果是年輕人，不要太早確定你的職涯方向。但我所謂的不要太早確定，不是叫你隨遇而安、得過且過。相反的，我要你多方嘗試，積極探索各種可能。

有句流傳已久，經常被誤解的諺語，就是：「滾石不生苔。」

滾石，的確不生苔。但有沒有想過，你為什麼一定要生苔？

如果，後來發現這塊石頭，不是你想要的石頭，那生

苔有意義嗎？

其實，在傳統社會裡，「滾石不生苔」的確是正確的觀念。古早的社會裡，沒有那麼多樣的選擇，宥於社會制度的限制，一個男人很早就要找到工作，否則淪為流民，在社會就難以安身立命。至於古代的女性更不用說，「生涯規畫」只能是嫁入好人家。古早社會，若一個人不斷換工作，一直定不下來，就好像一個女子不斷換老公，形象絕對不佳。所以老者都會苦口婆心勸晚輩「滾石不生苔」。

但現代人的時空已經不同。

從前，日本是以大家庭的概念在經營企業，總是奉行「終身雇用制」，員工從進入企業開始，就從一而終，公司的生涯就是他的生涯。但後來經濟不景氣，日本經濟泡沫化，企業再不能用終身的概念來保護員工，於是發生許多中年失業，乃至即將退休但尚未退休的人，被以各種理由強迫資遣的慘事。不只在日本，台灣也經常看到這樣的失業案例。

或者，雖沒有失業，却只能死守著一份不那麼喜歡的工作，為了生活不得不勉強自己每天拖著沉重腳步去上班。

這樣的人，生活會快樂嗎？一個不快樂的人，做事怎麼會有效率？連基本的效率都不會有，就更別說，要有幸福效率了。

所以，**看準了，再決定你真正想要的生涯是什麼。**這將決定你一生的幸福效率。

以三十歲為界，有三大理由：

1. 我們的腦袋，在三十歲前最活躍

不論是思考、記憶，三十歲前最佳。一但過了三十，人體各部分都在退化，腦力也不能免。三十歲前，把腦力用在認真思考生涯，是最有效的腦力運用。不要太早一頭栽入一個不了解也不真正喜歡的工作，將原本可以做更大發揮的才華，耗在一個不真正適合自己的工作上。

2. 累積經驗需要時間

學習有兩種：知識的學習，以及經驗的累積。從小學到大學，人們花了十多年的時間做知識的學習，但這樣的

學習大部分都只是理論，因此，我們還要花時間從實務中學習。假定大學畢業是二十二歲，以男生來說，服完兵役是二十四歲，用五到六年的時間去社會歷練，去見識社會險惡，去親自看看不同行業的樣貌，這樣是好的。

一個人不可能會喜歡自己沒見過的產業，但那個產業卻可能是最適合自己的。

有的人從小就發現自己喜歡花花草草，長大後投入園藝工作；有的人從小就發現自己超愛唱歌，長大後成為藝人。但這都是少數人的。多數人真正喜愛的行業，都是要後來入社會摸索才知道，甚至有的行業是從無到有的，好比說當年張忠謀創歷的晶圓代工業。因此以三十歲為界，在三十歲前多方摸索嘗試，是必須的。

3. 我們要的是終身的效率，而不是短期的效率

或許有人會問我，本書不是強調效率嗎？一個經常換工作的人，單一公司經驗不能累積，在職場上一定競爭不過別人，這樣豈不是沒效率。

是的，以單一工作來說的確是如此。假定甲和乙同一

年畢業，一起入社會工作，甲一畢業就去 A 公司上班，五年後已經一路從基層職員升上去當課長了。相對來說，乙畢業後在職涯上多方摸索，曾從事過貿易業，也曾去製造業擔任業務員，或者去行銷公司擔任企畫。五年後，他仍是某家公司的基層員工。

如果拿甲和乙相比，並且假定甲的志向就是在 A 公司服務，那的確，甲的成就短期內勝過乙很多。但五年只是短短的歲月，三十歲以前都還算是年輕人。

現在以三十歲為基準，甲是某家公司的課長，乙也找到終身職志，開始在某個企業上班。五年後，十年後，十五年後，甲和乙誰的成就會較高呢？

很可能會是乙。

- 因為乙是經過磨練後才找到工作，因此他在新工作中可以全心投入。以最大的熱情付出，並且也很快的因表現良好，一兩年就獲得升遷。

- 因為乙有過不同的歷練，不論是業務或企畫工作都曾經接觸過，也了解不同行業的運作模式。因此在工作上，他會更融會貫通各種技能。

- 因為乙待過不同行業，因此結交了不同領域的朋友，這些朋友都可以變成他事業上的助力。

於是再五年後可能發生這樣的狀況，甲和乙，都在各自公司上走到巔峰，後來有機會被挖角去國際型大集團。甲和乙一起去面試，誰會脫穎而出呢？

一定是乙。

因為乙的視野較寬廣，並且有更多的人脈。相較來說，甲的經歷全部集中在一家公司，很多的技能也只適用在他原公司，並不適合新公司。況且，一般企業徵人，需要的會是「個人特質」為主，而不要有太多原公司的包袱，以此來說，乙更是遠勝於甲。

一個經過歷練的人，他的能力可以適用在不同企業；一個只有同一家公司資深經歷者，一離開原公司就無所適從。

所以，以長期效率來看，三十歲前歷練，是比較好的選擇。

預想三十年後的自己

在本書裡，我必須不斷強調的一件事，就是人生只有一次。就是因為只有一次，我們一定要把這一次做到最好。所以人生需要效率學。

平常我們做一件事情時，要怎樣才有效率呢？有一個很好的方法，就是**從結果推想過程**。

就好比我們蓋一棟房子，建築師要先畫出藍圖，然後從藍圖往前推，做好每一步的規畫。包括要買多少建材，要在哪施工，每個環節要聘請多少人等等，有結果再推回過程，是最有效率的做法。

任何事情都適用。

- 公司規定每人每個月的業績是三十萬。

  以三十萬回推，若每個產品平均單價是一萬，三十萬就是要賣三十個產品，回推到一天，就是平均一天要賣出一個產品。

- 小明想要通過托福考試,假定及格的標準是600分。要想通過托福考試,要背夠多的單字、要懂英文文法、要會應用各種片語等等,假定還有一年的時間,小明就可以根據自己的強項弱項(好比小明的文法概念不錯,但單字背太少),運用一年時間做學習分配。

- 王先生想要選市議員,依照選舉法,以及本市在籍的人口數,他必須拿到十萬票才能達到當選最低門檻,於是他就要往前推,估算這十萬票可能存在什麼區域,例如公務員一萬票,上班族兩萬票等等。據此擬訂選戰戰略。

第一步,先想清楚你要的未來

那我們的人生要往回推算最佳策略前。要先預想我們想要怎樣的未來。請切記,幸福效率學的未來,絕不是純以金錢做考量的未來。因此我們的未來,要用九宮格來表示應該照顧到的所有生活領域。

請將以下表格轉化成你的未來願景：

 錯誤的結論，只會導出錯誤的過程

但是人們的未來，經常是以下的樣貌呈現，這是一個
不完整的未來。

學習	家庭	事業
?	?	我要擁有兩家公司
健康	某甲的 想像未來	休閒
?		?
公益	理財	交際
?	我要賺百萬美金	?

當人們一心只想著將來要賺多少錢，以及事業上要有多少成就，而沒有考慮到人生的其他選項，會導出不均衡的人生也就一點都不意外。

以前面表格中某甲的例子來看，他希望三十年後的自己擁有百萬美金，這數字看似很大，但其實只要適當理財，懂得投資或創業有成，還是有辦法的。

重點是，當某甲的人生願景中，沒有把健康、家庭、公益等包含進去，那他如何達到百萬美金的境界呢？他可能用非法的方式吸金，因為他的未來藍圖不包含公益；他可能賺得百萬美金，卻終身要洗腎，因為他的未來藍圖不包含健康。更別說，他可能犧牲家庭幸福，或犧牲學習（因此變得沒有內涵），才換得百萬美金。一個不具備完整元素的百萬美金，就是不幸福的一億。

一個不明確的藍圖，等於沒藍圖

那麼以下的未來藍圖是否是標準的藍圖呢？

✏️ 學習	🏠 家庭	👜 事業
我要取得MBA學位	我要擁有 美滿幸福家庭	我要擁有兩家公司
🥗 健康	某乙的 想像未來	🎮 休閒
我要擁有 健康的身體		我要重視生活平衡 適當的休閒
👆 公益	💰 理財	💬 交際
我要常做公益	我要賺百萬美金	我要交遊廣闊

表面上看，某乙很有未來願景，但實際上並不是。

什麼叫擁有美滿幸福家庭？

什麼叫我要常做公益？

什麼叫我要交遊廣闊？

沒有清楚的定義，是沒有意義的。

就好像建築工人要施工，但工程師只說我要在這裡蓋一棟兩層樓的房子，其他就讓工人各顯本事。這樣房子蓋得出來嗎？

具體規畫的藍圖，才有跡可循

所謂的藍圖，一定要包含三個要素：

（1）具體數字

（2）具體時間

（3）明確標準

我們將某乙的例子做了以下的調整：

✏️ 學習	🏠 家庭	📖 事業
我要取得MBA學位	我要擁有美滿幸福家庭	我要擁有兩家公司
（我要在50歲前，於台灣的國立大學取得商學MBA學位）	（我要帶給我老婆和兩個孩子健康幸福的生活，在他們生命中重要的時刻，我都要陪伴在旁）	（我要在50歲前成立兩家資本額在500萬左右，以健康概念為主題的公司，一家做國內銷售，一家做海外貿易）
🌱 健康	某乙的想像未來	🎮 休閒
我要擁有健康的身體		我要重視生活平衡適當的休閒
（我每年健康檢查一次，並且每周運動超過10小時，三餐規律，依照營養師規畫均衡飲食）		（每月帶家人國內旅行一次，每年至少出國一次。同時我要加入兩個休閒嗜好社團）
👆 公益	💲 理財	💬 交際
我要常做公益	我要賺百萬美金	我要交遊廣闊
（40歲前，每年捐10萬做公益，40歲後，每年至少捐20萬做公益）	（我要在50歲前，銀行存款達到百萬美金，方法包含創業、房地產，和股票投資）	（我每一年要認識50個比點頭之交還深入的不同行業新朋友，每年至少認識1位億萬富翁）

新版的藍圖，是否更明確呢？有了這樣明確的藍圖，就可以據以規畫某乙的人生。

　　例如要開兩家公司，那是否現在就該去了解公司法的規定，並且勤於閱讀健康產業其他公司的經營模式。要存百萬美金，那麼現在要怎麼從百萬台幣開始累積財富？有了藍圖，再往前推，就比較有跡可循。

第三章 重點復習 ✏️

效率學就是生命學，我們要宏觀看人生

兩個時間迷思
1. 忘了時間是單線前進的
2. 忘了時間是相互交錯的

生涯規畫不能順其自然
三十歲前可以盡量多嘗試

追求幸福未來，先預想三十年後自己，再來規畫藍圖

賺錢有效率，
人生最愜意

這世界上需要定理。為什麼？因為定理是最有效率的。

放眼全世界，不論是科技最尖端的歐美國家，或者是經濟最落後的非洲國家；不論是熱情洋溢的中南美國家，或者是民風保守的阿拉伯國家，一律都使用九九乘法表、阿拉伯算式，也一律應用同樣的物理、化學觀念，使用同一規則的計量單位。

就連醫學、經濟學、工程學、農學、社會學，乃至於文學等各門各類的學科，也都使用同樣的各種定理。不會西方認同歐幾里得定理，東方認同另一套。我想，唯一會有各國標準不同、差別很大的，只有宗教和民俗學了，但話說回來，宗教學和民俗學，本來就沒有「定理」這一回事。

其實，這百年來世界進步神速，最大的原因之一，就是世界使用共通的規則，「效率提升了」，當然全人類的發展也就更快速。

幾千年前，中國的秦朝統一六國，書同文，車同軌，誕生了中國第一個強盛王朝。現代世界也只是見證了這樣的事實：**效率，是強盛的基本定理。**

那麼在理財方面有什麼定理可以增進效率呢？

如同前面我們不斷強調的，人生只有一次，而且人生

是一個整體的。這一生要想變有錢人，不要只仰賴祖先前世積德，更不要把希望寄託給下一代，想讓下一代來養我們。

財富的累積，只能靠自己，把握每個「現在」，積極開拓。

掌握定理，掌握效率，是致富的不二法門。

什麼是理財必勝定理？

一理通，萬理通。就如老子的哲學：「道生一，一生二，二生三，三生萬物。」理財要抓住的正是理財之「道」。

復習一下前面一章提過的，優質的效率＝金錢＋時間＋快樂＝幸福的多次方程式。

我們把這個方程式，進一步演算成理財方程式：

致富人生＝有效應用金錢＋有效應用時間＋有效應用快樂。

或許有人覺得「應用快樂」聽來很奇怪，那就改成「追求快樂」。

由這個方程式，我們可以導出三大定理，本章就和讀者分享致富的三大定理。

第1節　改變賺錢的模式

 效率理財定理 1

同樣的賺錢模式，只能創造同樣的金錢收益模式；要想改變收益模式，一定要改變賺錢模式。

假想，我們現在是一家餐廳老闆，我們用一台機器來灌香腸。

假定我們追求的是最高獲利，但有三個條件是固定的。第一，人手是固定的，這家餐廳只有一個員工兼老闆，就是你自己；第二，這家餐廳的營業時間是固定的，從上午八點到到晚上八點；第三，每日擁有的原始豬肉數量是固定的。那麼，請問身為老闆，我們該如何追求獲利最大呢？

既然人手、時間、材料這三件事都是固定的，要改變結果的話，答案只有一個關鍵，也就是「製造的過程」。

改變製造的過程，其方式有兩種：

第一種過程的改變，是針對那台機器，也就是說，我們要「提升機器效能」。

　　原本的機器，每日只能灌出數量有限的香腸，灌出的香腸少，對應的就是銷售出去的香腸少。賣得少，賺得就少，這是一定的道理。

　　原本的機器，製造出的香腸有瑕疵，可能是機器設計的問題，做出來的香腸形狀不好，調味也不對。產品不好，賣相就差，收入就少，這也是一定的道理。

　　原本的機器，經常出狀況，每運作個五小時，就要休息兩小時；或者機器運作很耗電，大幅增加成本。營運不順，成果就不佳，利潤變薄，這更是一定的道理。

　　要改變這個狀況，就是更換一台機器。更換的方式，包括，換一台新的；換一個新品牌的機器，甚至換一個新概念的機器。

　　這個例子，看似和我們每個人沒有關係，畢竟，可能大部分的讀者並不是從事餐飲業。但其實，這例子講的正是大部分人，特別是上班族的情況。

　　上班族們，你有三件事是固定的，第一，你這個「人」

是固定的（你不會一夕間突然從庸才變成天才）；第二，你擁有的時間是固定的，再怎麼樣一天還是只有二十四小時，並且你再怎麼拚，每天也一定要撥出幾個小時睡覺；第三，我們的基本資源是固定的，你只有有限的財力背景，這是我們的基本假設，如果你出身王永慶家族、或者國泰集團蔡家，這樣的讀者，不是本書的族群。

好了，在三個基本條件都固定下，透過一定的機器，你要怎麼變有錢人呢？聰明的讀者一定看出來了，這裡的機器，指的就是你工作的公司。

假定你現在很不滿意如今的收入狀況，要想改變，你一定得更換機器。那你的方式是什麼呢？

我們列出四種狀況吧：

為了增加收入，甲先生的作法是加班，可惜現在職場多採責任制，加班也不會有加班費。另一作法是找兼職，但由於大部分時間已經被正職工作綁死，想兼差時間也不

多，兼差只能賺微薄利潤。弄不好，還影響到正職。幾方思量，甲先生唯一的作法，還是只能在原本公司表現得好一些，那樣，幾年過去，還有機會被加薪。

如同我們把舊的機器換成新的，但仍是原來品牌，在職場上，除非我們換工作，否則我們不能把家公司變新，但我們自己可以提升自己，那就等同於變成新的工作形式。自己的能力提升了，老闆也看得見，一定給你調薪。但，由於公司天生的局限，薪水再怎麼增加，幅度也不大。

這是現代人最常用的方式，就是在一家公司邊工作邊學習，等到「翅膀硬了」，等著被挖角到另一家公司，從事的工作其實也和從前一樣，由於擁有一定資歷，薪水變

多了。但整體來看，也不是多太多。

比較大的轉變，來自於面對更大的挑戰。也就是讓自己，以原有產業的實力做基底，然後跳到其他的產業。在職場上的諸多例子證明，許多人因此可以得到完全不一樣的職場新視野、新高度，甚至帶來職位上的大幅提升。

以上班族來說，要想讓自己收入變高，絕對不能故步自封，一定要選擇在這三種轉變裡提升，也就是：

本職技能提升（公司內提升）、**職涯視野提升**（轉換跑道），**以及最重要的職涯高度提升**（成為不同產業的高階經理人）。

然而，讀者諸君也可以清楚看到，只要是在同一個模式裡，以本例來說，就是不停變換機器（公司），帶來的收益還是有限。就好比我們身為餐廳老闆，用原本機器生產的香腸有限，但換了機器，生產數量變多或品質變好了，

但整體的收益，也不過是月薪五萬到月薪十萬的差距。

以台灣人最愛舉的例子，薪水太少房價太高為例（為方便說明，在此省略複雜的利率計算）。一個人月薪五萬，每月存兩萬，一年存二十四萬，十年存兩百四十萬，二十年存四百八十萬。看起來一輩子都無法買房子。

但就算以月薪十萬，每月存六萬好了，一年存七十二萬，十年存七百二十萬，二十年存一千四百四十萬好了，勉強可以買房子，但仍要耗費大量青春歲月，以及犧牲其他生活層面（諸如買車、出國旅行，孩子教育經費）。何況，現代上班族，有多少人可以月收入十萬的？

所以，重點在於第二種過程的改變。

第二種過程改變，是「不要被那台機器所局限」，也就是說，是根本性的改變「模式」。

舊有的思維如狀況 A

要追求金錢效率，就要改變賺錢模式。

我們以宏觀的視野來看，假定我們不要被過程，被機器所局限，那我們可以做的選擇更多，收入也可能差別很大。

這是一個很殘酷的現實，由於人生有限，我不想很鄉愿的用「知足常樂」、「金錢不是一切」來替大家做自我安慰。真實的情況是：

錯誤的過程，不會導出正確的結果。不改變賺錢模式，人們就不會變有錢。

這世上有許多的書，教你如何在職場上步步高升。但我要說，再怎麼步步高升，由職員升到經理，也只是在上班族模式裡打轉。靠著上班族致富的行業有嗎？有的，但選擇有限，包括：

- 在上市上櫃公司當到高階主管（可取得股票分紅）。
- 在公家單位爬到高位，例如部長級或軍隊中的將軍，薪水都有好幾十萬。
- 有門檻的專家，例如醫師、會計師、設計師等等。（但也必是名家等級才有高薪，好比說心臟科權醫師、首席會計師，或得獎無數的國際名設計師。）

除此之外，有沒有第四種？或許有人說，他所認識的業務經理，或某個在醫院上班的名醫，月入上百萬。那我要說，他們就是屬於我說的其他種工作模式，這我在之後會介紹。

總之，要改變收入，一定要改變賺錢模式。

第 1 階段：從勞力賺錢模式，轉換到以人賺錢模式

什麼叫以勞力賺錢模式？不要以為這裡指的是勞動工作者、藍領階級，認為自己是坐在冷氣房穿西裝的高格調上班族，不屬於勞力賺錢模式。其實：

任何以「自己」為單位，出賣時間換取報酬的工作，

都算以勞力賺錢。不論那勞力是指用手做粗活，或用腦力辦公事。

事實上，在現在社會，因為專業勞工難覓，反倒是所謂的藍領階級，月薪經常還比上班族多呢！一個專業水電工，有可能月入十萬；專業的駕駛員，也可以月入七八萬。倒是辦公室裡的行政工作人員，通常月薪只有三萬多。

要如何從靠勞力賺錢模式，變成靠人力賺錢呢？許多讀者看到這裡，會以為我在推介的是做直銷。

其實，**直銷是一種以人賺錢的典範，只不過，多數時候你是那個被利用的人，而不是你去靠別人賺錢。**

以人賺錢，簡單來說，只要你的收入來源，不是**單靠你自己**，而是可以**讓別人賺的錢也變成是你的**（當然，小偷例外，非法的都不算），都算是以人賺錢。

以效率學來說，**在同樣的時間裡，有不同的收入來源，當然是最有效率的。**

如何以人賺錢呢？本書不是事業經營書籍，在此不深入介紹各種以人賺錢的具體作法。但基本上，以人賺錢可分成兩種模式，一是體制內，一是體制外。

· 體制內以人賺錢

簡單講，就是做業務。

所謂業務，賺的通常不是以底薪為主，甚至有許多職位，連基本底薪都沒有，完全靠業績抽成。然而一個真正好的業務員，收入絕對是上班族的好幾倍。

業務一開始的時候，一定還是靠勞力賺錢，所以一般業績普通的業務員，收入只跟一般上班族差不多，甚至有的還偏少。

而成功的業務員，就是從以勞力賺錢，進階到以人賺錢階段的業務員。

成功的業務員，一定有著厚實的人脈，去問問成功的保險業務員，或直銷從業人員，他們通常都是年薪不只百萬，很多都是千萬以上的。他們成功的關鍵已經不是靠挨家挨戶拜訪，因為那是很沒有效率的賺錢術。他們的成功，一定是靠著老客戶帶來新客戶，以及老客戶本身的長期消費。另外，他們也靠建立一個團隊，來賺取長期收益。

這裡提到一個很重要的觀念：**以人賺錢的核心策略之一，就是建立一個幫自己賺錢的團隊。**

　　如果讀者現在是一個上班族，暫時也不想創業（畢竟創業需要資金，也需要經驗），在此給讀者幾個突破自己的建議：

　　一、儘量讓自己的工作，成為業務導向。這雖然會帶給你壓力，但要追求財富人生，絕對必須做業務。

　　二、設法讓自己的收入至少有部分是來自業務抽成。好比說你是某家公司的工程人員，但你可以自動請纓銷售公司的產品，賺取業績抽成。

　　三、設法在企業內創業。例如許多保險公司都鼓勵業內創業，可以在公司裡組建自己的業務團隊。當業績變大時，還可成立分公司。

　　四、如果自己的公司性質不適合讓你兼任業務，可以試著在不影響本職的情況下，以兼職的方式接一些要靠業績才有收入的工作。

　　五、最破斧沉舟的作法。大膽離開現在非業務型的工作，轉換到以業績為導向的新公司。

・ 體制外以人賺錢

　　簡單講，就是創業。

要想賺錢，並且這錢不要受制於老闆，那唯一的作法，就是創業了。創業不簡單，本書也不是教人創業的書。

但這裡要強調：**創業的確是一個人改變賺錢模式，變成有錢人的法門。**

只是創業維艱，唯有當準備充分了，也就是如前一章提過的，你在技能、資金以及時間都能掌控得好的情況下，才能創業。

基本上，創業有五個層級，其結果差很多：

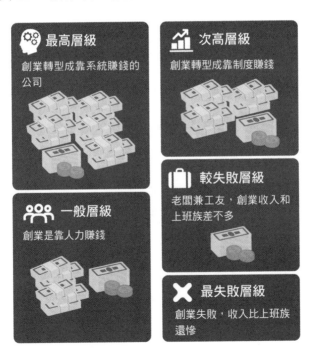

這世界上，真正的富豪只有兩種，一種創業致富，一種是投資致富。

另有一種賺錢方式，就是靠專業賺錢，人人都是靠專業賺錢，但這裡指的專業，是必須取得特殊證照、有門檻的專業，例如醫師、會計師、律師等等。這些專業人員，一開始通常也是處於上班體制內，有的終身在體制內，以其專業領取高薪，例如台大的心臟科權威醫師等等。但若要成為頂尖富豪，不論專業為何，終究還是要走到體制外創業。

以創業致富來說，單靠體制內業務，通常有個極限，一定要再轉型為體制外創業，或者專精投資理財，才能變成超級富豪。若是體制外創業，那就要設法讓自己的公司，從第一階段進展到第二階段。

 ## 第2階段：從以人賺錢模式，轉換到以制度賺錢的模式

何謂制度？就是當你這個老闆，不在位置上時，錢仍可以繼續大量進帳。

以人賺錢的模式，是當你不在國內，出國度長假時，

公司的員工仍持續幫你賺錢。但如果沒有好的制度維持，那麼「當大人不在家，小孩子就會鬧翻了」。一個必須要老闆時時督促的公司，並不算是有制度的公司。

一個有制度化的公司，必須建立：

- 良好的公司管理規範
- 培養稱職的管理階層
- 建立人人遵守的公司願景
- 有健全的組織發展規畫
- 有完善的產品及相關的提升計畫
- 有周延的產品發展生命週期規畫
- 有堅固的客戶群。

當你可以建立起這樣的一家公司，那你的收入，將從幾十萬成長到幾百萬。

制度型公司可以帶給你財富，但這樣的財富不一定可以維持到下一代，這樣的財富，可能讓你成為地區性的小富豪，但若要讓自己的財富更龐大，並讓自己成為更有影響力的人，那就要進階到靠系統賺錢了。

第 3 階段：從以制度賺錢模式，轉換到以系統賺錢的模式

所謂系統，就是完全可以超脫人制甚至超脫公司制度，長久運作的機制。這是一種自行運作的體系，初始是種制度，但到後來，變成一種自我衍生的生財系統。

制度和系統沒有清楚的交界，但一旦事業變成系統，幾乎創業者（也就是你）一定會變成超級富豪。現今世界的頂尖富豪，例如微軟公司、臉書公司、IBM 等，最初是發明一種產品，後來當產品變成一種世界性的流行，甚至變成一種世界性的標準時，創辦人已經成為幾千億美金的世界鉅富。也可以說，創造一個新系統，也等於是改變世界樣貌。連世界樣貌都可以改變，當然本身一定會變成大富豪。

什麼是系統？

那可以是一套新的營運模式，例如直銷系統，這世界有幾個成功的直銷體系，其創辦人都是大富豪。但底下加入的員工，屬於體制內創業，有的成功，有的失敗。

可以是一種新的生活模式。例如電腦的發明，帶動很

多新的世界首富，軟體產業帶來一波，網路產業又帶來新的另外一波。

可以是一種新的產業模式。例如台灣的知名企業集團，台積電、鴻海，它們的崛起，就是因為創立新的產業模式，並在該產業建立新標準。

可以是一種全新概念的產品。不論食衣住行育樂，只要可以創造出一種普世的標準，就等於創造一套系統，而構成這套系統的主力，就是消費者。

靠著系統賺錢的人，可以一輩子不愁吃穿。就算不再工作，也可以有源源不絕的收入。

這是幸福效率學的極致。

因為他可以花最少的時間，創造最大的幸福可能。

他可以整天陪家人，享受天倫之樂，擁有最佳的休閒品質生活享受，同時可以請最好的醫療團隊照護全家人健康。在此同時，他可以大舉做公益，例如比爾蓋茲，他不但是全世界最有錢的人，同時也是全世界最知名的慈善家。

所以，追求幸福效率，以金錢的角度來說，就是要做到讓自己可以創建一個靠系統賺錢機制的人。

第
2
節

善用時間
創造金錢

 效率理財定理 2

要怎樣用同樣的時間，來創造更多的金錢呢？有一個很貼切的比喻，那就是水池定理。

以此來說明效率理財定理二，就是：**把自己的財庫想像成是一個水池，讓水池滿盈的三大定律：水量夠大、水源夠多，以及最重要的水池夠深。**

人人都需要水。這是科學上的事實，但做為理財隱喻也同樣貼切。

若水代表錢，每個人都需要源源不絕的水源。一個人若缺水，也就是失業，那生活就會碰到困境。

假定每個人都擁有一個水池，那如何讓水池裝滿水呢？

大部分人的做法，是找到一個水源，然後就守住那個水源，靠這源頭不斷將水引進來。但我們的這個水池，不是死水，而是活水，所謂活水就是水會流進來，水也會流

出去。由於水不斷的流出去，為了怕水池乾涸，人們必須要時時讓水流進來。而大部分人的困擾是，這流進來的水，僅僅夠讓自己的水池一直保持有水的狀態，但要談致富似乎比較難。

但努力讓水池變滿，還是我們的目標，於是人們拚命的加強水量。

一般人的水池模式：戰戰兢兢模式

收入稍有差池，支出就會大過收入，帶來危機。

稍微好一點的模式：小康守成模式

收入比支出大，就算出狀況，也有足夠的儲蓄。

善用時間效應的模式：多管道收入模式

以效率學來說，讓自己金錢增加的方法，第一種，是前一節提到的增加金錢效益，也就是創業致富；第二種，是增加多管道的收入。這裡的多管道，不只是指正職和兼差，而是指多樣的收入可能。主要有四種：

1.正職；2.副業；3.長期投資；4.短期投資。

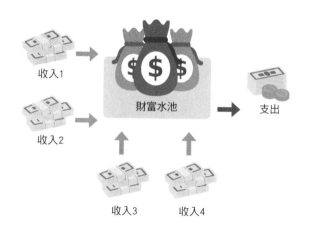

收入1

收入2

財富水池

支出

收入3　　收入4

當一個人，可以在同一個時間裡有四個收入管道，那就可以立於不敗之地。然而，這只是種理論，實務上，四種收入前要再加幾個形容詞。

1.穩固的正職

2.不影響正職的副業

3. 長期且有保障的投資

4. 真正帶來獲益的短期投資

其實，大部分人也都知道要設法增加財源，特別是在工作了幾年，存了一些錢後就會想要投資。但經常的狀況是投資失利，小則不賺不賠，大則慘賠收場。那樣的話，原本的收入反倒變成一個可怕的大支出了。

所以，以效率學的立場來看，投資的效率學三大定理，就是比照幸福效率學基礎三大定理：

第一、效率就是要在同樣的時間、同樣的付出之後，達到最大的效果。

一項投資如果過程總是高低起伏，過了一段時間總結後，總收益只增加一點點甚至還倒賠，這就是不是效率投資。

第二、效率的基本立場是要做到兼顧，若過程中犧牲了重要元素，沒做到平衡的效率，是不及格的效率。

一項投資，如果過程讓你提心吊膽，影響到工作，也影響到家人，影響到健康，那就不是效率投資。

第三、效率的定義，是要橫跨長遠的時間，若短期內有效率，但長期是負面的，這樣的效率是錯誤的效率。

本條的意思，不是說投資只鼓勵做長期，而不要做短

期。而是指，若短期投資是你的強項，那你可以短期投資，只要每次短期都是正數，長期加起來是很高的正數，那也是有效率的投資。

但以我的經驗，若整天做短期投資就很難專心工作，心情多少會受影響，建議還是以長期投資為主，搭配間歇性很有把握的短期投資。

最理想的理財模式：池中有池的收入模式

把上一頁圖再擴張，穩固，就會成為新的理財模式：

一個成功的理財人，其建立的水池系統，一定是一層接一層，就好像古時候作戰守城時，城有外城內城，倉廩囤糧豐厚，就算碰到敵人圍城三年也不怕。

人生事難料，正職工作有可能遭遇經濟不景氣，營運發生危機；身體健康也可能忽然亮了紅燈，需要花費長期醫療費用。此時，若本身早已擁有完備的水池系統，那就永遠不用擔心財源問題。

 ## 理財水池的特色

1. 可自行運轉

效率學的最高境界，就是打造一個可以自動運作的「系統」。當你在吃飯、睡覺、出國旅行，這個系統都仍在持續運作為你生錢。一般上班族，每天辛苦打拚，卻只賺得基本生活，原因就在於沒有建立一個自動運轉的理財水池系統。

什麼是自動運轉的水池？

其實我們身邊有許多這樣的水池，人人都可以運用，

只是規模大小有差而已。常見的水池有以下：

（1）銀行定存

這雖是最簡單，最保守，並且也會擔心因利息太低，搞不好還抵不過通貨膨脹的疑慮。但總體而言，以安全為上策，加上強迫儲蓄的功能（可以簽定每月自動扣款儲蓄），基本上仍可以建立一個安全的保護水池。當有一天主水池發生問題時，你看到這備用水池裡還有很多水，那也是一種安心感。

（2）保險

不論是理財投資型保單，或者純生死壽險保單，都是為你打造一種水池。其實純以保險來說，也許其主要效益在於為您的晚年，或者若出意外時，給家人一種保障。反倒是結合儲蓄型功能的保險，其投資效益不一定比起其他投資管道有效益。但不論如何，純以「保險」的本義來說，就是預防遇到風險時還可以有個備用水池，因此保險這個水池還是必要的。

（3）基金信託

這是一種投資報酬率介於儲蓄，以及股票投資間，風

險中等的投資。關鍵在於選對投資基金。由於基金投資委託管理人，中間要支付一大筆委託操作手續費，經常有人覺得要買基金，還不如自己操作股票。然而，重點還是在於時間，如果選對基金，你就可以專心工作，只等基金的結果。至於信託，也是將資金以指定用途交由專人管理。在理財的備用水池中，基金水池也是必要的一個。

（4）各種投資

投資有賺有賠，並且如果把太多心思放在投資上，那就違反了幸福效率學原則。建議的投資方式，是短、中、長期分別性持有。假定你每個月花 10% 的時間在投資上，那麼這 10% 的時間，可能有八成的時候用在關注短期投資，只用二成時間留意一下中長期投資。

中長期的投資標的，可以是房產、土地、績優股、黃金，甚至是藝術品。

短期投資就是選定幾檔你認為有明顯漲跌空間的股票，另外，最佳的短期投資工具我個人認為是期貨。這些都是可以投入的。

重點在於：就算短期投資失利，也不會影響其他財源。

其實若你不懂投資理財，也不用煩惱，建議加入坊間的投資社，透過專業經理人為你服務，只要定期追蹤報表，這也是一種不錯的方式。

2. 有安全機制

改編自史上最知名船難事件的電影《鐵達尼號》，一艘號稱當時最大、最豪華的郵輪，為何一夕間沉沒造成悲劇呢？重要關鍵之一在於船艙的設計，因為沒有適當的安全分隔機制，雖然撞到冰山的只有一處地方，但卻導致湧入的海水流布全船。後來發展出的郵輪，都已加強了隔艙的設計。

我們理財也是一樣。要擁有很多水池，這些水池不但可自行運轉，重點是，當出狀況的時候，**不會波及其他水池。**

如同前面我們曾提及，以短期投資來說，我們的原則是：就算投資失利，也不會影響到其他水池。

經常聽到有人說玩股票、玩期貨，玩到傾家蕩產。那就是平常沒有做好理財切割。

傳統的理財教戰守則會告訴民眾，收入要切成三份，一份是日常生活用途，一份要強迫儲蓄作為保底，剩下那一份才可以做為投資，就算碰到投資失利，錢賠光了，也只是賠掉那三分之一。另外，也有理財大師告訴民眾，收入要分成十份，有的投資、有的儲蓄，有的當作學習資金，還有的固定做公益等等。

只要是符合「安全機制」的，我覺得都是可行的。但我不贊成要把規定綁死，一定要切三等份，或分十等份。

財務運用要懂得彈性，以結果為依歸，重視效率，所以不要死抱著理財要切幾等分的概念。

當碰到特殊狀況，以你手中可靠的情資顯示，這是購買某檔投資商品的最佳時機，那就不要局限於舊有觀念，明明手中有錢，卻不能挪用。或者，當經過正確理財規畫，已經確認將資金放在某個管道，可以創造各種龐大收益，那必要時，絕對可以彈性的把其他用途的資金，好比說利息很少的定存，移過來高獲利的地方。

讀者或許會問，如果判斷錯誤，豈不是如同鐵達尼號，

整個理財都沉沒。

關於此，我的答案是，安全機制還是要，但重點不是分割成三分之一，而是在於：

（1）要建立機制

記得嗎？系統是長長久久帶來水源的關鍵，所以重要的不是每一個時刻，水池內水有多少，而是系統要能運轉。因此，在運用的彈性上，**資金是可以動用的，但機制不要斷掉。**

（2）水池可以畫分，但不是切割

重點在於，畫分哪些水池是保底基本水池，哪些水池是可以獨立用作；畫分完之後，就可以彈性調配。至於什麼水池是該保留，該保留多少，每個人狀況不同。坊間的書籍喜歡將所有人當做是一樣的狀況，但我認為該因地制宜，因人而異，只抓住大原則，不規範到細節，才是重要的。建議在理財水池這部分，可以在初期委請理財顧問協助。

3. 掌握投資基本原則

投資理財很重要，在下一章會另外介紹。在此僅簡單

說明基本原理。

市面上有關投資的書汗牛充棟，不論是股票、房地產、期貨，還有各類基本面、技術面，投資密技等分析。理論上，有那麼多教戰守則，人人應該都會投資賺大錢才對。但實務上，在股票期貨等，賺大錢的還是只有少數人，大部分人還是難以在股海錢海中討得太多便宜。

為什麼呢？因為除非我們是大金主，擁有的資金可以影響股市房市，否則我們進入投資市場就好像船入大海，船再怎麼大，從高空俯瞰大海，我們的船仍只是微不足道的一個小點點，當有大風大浪時，船當然遭殃。

以效率學來看，對於我們一般非專業的，只是在非上班時間做財務規畫的業餘投資者來說，我們不要耗費大量時間去研究個股，或想去操作哪檔期貨。如同老子的學說，道生一，一生二。我們要做的，是為自己訂下一個不變應萬變的原則。

這個原則，只有簡單的八個字：**賺了就抱，賠了就跑。**聽起來很簡單，但很多人做不到。

以最常在電視上看到，現實生活中也常有的案例來說。

常聽有人去賭場，一開始賺了點錢，最後不但輸到脫褲子，還得賣房子甚至賣妻女的慘事。

為什麼會這樣？因為人的天性是，嘗到賺錢的甜頭後，就會想一直賺，這點本是不錯的，但可惜，當碰到相反狀況時，就會想說：「我明明之前一直賺，現在怎麼失靈了？不行，我再試試看，一定可以賺回來。」就是抱著這種心態，所以後來輸錢就會覺得不甘心，然後一定要再把錢「賺回來」。之後的故事大家就知道了，社會上一個個傾家蕩產的例子就這樣來的。

或許有人覺得以賭博做例子太極端，但實務上，各種類似的例子很多。有的人栽在股市，有的人栽在期貨，還有的人栽在房地產。咎其因，都是沒有抓住「賺了就抱，賠了就跑」的業餘人士投資者原則。

賺了就抱：

最簡單的例子，也是我們人人每天碰到的例子。

- 上班族，上班領薪水，每個月都有薪水可拿，每月都有賺，所以就可以繼續抱。也許薪水不多，但至少有收入。但這不算好例子，因為薪資收入不是投

資收入。只是原理是一樣的。

- 買績優股，就持續抱著，長期穩賺的。

- 買到好地段的房子，就當做自住吧！幾年下來房價會不斷上漲，將來等到合適時間，要換房時再脫手就好。

賠了就跑：

這是最難做到的。

效率投資最快的方法，就是在投資上不要想太多，照著原則做就對了。不是鼓勵人們不思考，而是因為很多事，不是靠思考就有幫助的。好比說，今年有一題算術題，或一個偵探解謎，這些都是思考，就有可能會有答案的。但我們買樂透，「思考」這個號碼會不會中獎，那就沒意義了，而買賣股票或其他投資商品的事也是一樣，不是說漲跌沒道理可循，而是那道理已經超過我們業餘者的腦袋可以計算的範圍，與其浪費時間去思考，還不如就照著基本原則：賺了就抱，賠了就跑。

很簡單，手中有幾檔股票及投資商品，每檔都設定一個「逃跑點」。

甲股票：當跌到每股五十八元就脫手

乙股票：當跌到每股四十二元就脫手

丙房屋：當市場行情跌到總價一千萬就脫手

⋯⋯⋯⋯⋯⋯⋯⋯⋯⋯⋯

以此原則，我們永遠是漲多賠少。那加總起來的投資效益，絕對是正的。

擁抱快樂，同時擁抱金錢

　　我常感到訝異，社會上為何經常把人們劃分成三種，一種是有錢但不快樂，一種是快樂雖然沒有錢，至於既非第一種也非第二種的，統統是第三種人。

　　由於這類的觀念，有錢人常被貼上一種標籤，認為他們有錢，都是因為做不道德的事，壓榨員工、透過非法手段等等，或者有錢人的生活靡爛，滿腦腸肥，沒有內涵，每天只想著錢，滿身銅臭味。

　　但如同暢銷著作《有錢人想的和你不一樣》裡說的，當你心中想要成為什麼樣的人，你就有機會成為什麼樣的人。當你心中醜化了有錢人，表示你內心會阻礙你成為有錢人，因為有錢人是不道德、是罪惡、是醜陋的，既然你心中總是這麼描繪有錢人，你怎麼可能成為有錢人？

　　另一種極端是，許多心靈勵志書總是教人不要執著於金錢，因為錢是身外之物，有再多的錢也買不到幸福快樂。

這類書的觀念其實沒有錯，我也經常閱讀這類書，可以從心靈層次讓你成長。但如同讀者知道的，我本身已賺超過百萬美金，在我讀心靈勵志書或者宗教禪修書籍時，我一方面有著心靈的成長，一方面我的戶頭仍不斷進帳。心靈勵志書是很好的，但可惜書中不會強調：「等你變有錢後，再來讀這本書更好。」而一般讀者基於好逸惡勞的本性，就會直接把這類書的內容解釋為：「我沒有錢沒關係，只要快樂就好。」這只是種自我安慰的假象，若人們因此放棄努力工作，那就太可惜了。

快樂和金錢可以同時擁有

我主張，快樂和金錢不但可以同時擁有，並且，快樂的人，反而是更容易賺錢的人。理由有四：

1. 順著本性的人，工作最有效率

上班族是否經常不快樂？每當假日結束時，就抱著「啊！又要上班了！」這種負面心態的人比比皆是。這樣的人，上班不快樂，生產力有限，也經常一輩子沒法成為

有錢人。

什麼樣的人，工作最有效率呢？當然是熱愛自己工作的人。而怎樣的人最熱愛自己的工作呢？最熱愛自己工作的人，就是做「自己喜歡的」工作的人。

在第三章我們提過，建議三十歲前可以不斷嘗試新工作，重點不在於經常變換口味，而是透過不同的見識，找出自己「真正的興趣」。

當一個人從事的是自己有興趣工作時，效率是最高的。
興趣有很多種，但以職涯人來說，興趣就是兩種：一種是天生的興趣；一種是後天培養的興趣。

一個人可以靠著天生興趣成就生涯的人，是最容易成為成功的人，這裡的成功，不僅包括金錢上的成功、社會聲望上的成功，也包括個人自我實現的成功，以及心靈快樂上圓滿和諧的成功。

天生的興趣，可以以三種方式輔佐工作：

- 最好的情況，興趣本身就可以成為職業。例如有人愛唱歌，後來成為歌星。有人從小就愛研究昆蟲，後來成為知名的昆蟲學者（頂尖的學者，收入是很

高的）。

- 一般的情況，興趣可以協助正職。例如，喜愛騎車的人投入相關產業，如休閒產業、電動車產業時，興趣和正職可以搭配。或者喜歡畫畫的人，在從事工程業或設計業時，本身的興趣加強工作的效率。

- 至少，興趣可以讓工作更快樂。例如喜歡園藝的人，用盆栽舒緩工作時的壓力；喜歡打球的人，下班後繼續奔馳球場，養成自己好體魄，工作也更有精神。

但在職場上，後天興趣的培養有時候是更重要。

許多在職場上很有成就的人，當初進入某一行業時，完全是從門外漢開始，既然當初一點都不懂，所以當時絕對談不上是興趣。但後來他們卻完全投入工作，熱愛工作，那樣的興趣就是後天培養的。

職涯人們，要想工作有效率，絕對要先喜愛你的工作。

我有時候跟朋友們聊天，當碰到一個人他對自己公司產品不了解，或者講起自己公司產品，就是沒什麼興趣熱情，我就知道這個人工作不快樂，也無法透過這種工作賺

大錢。換一個方式來說，就算他因為口才好，或者公司成長快，仍賺了大錢，但每天在不喜歡的職場工作，內心不快樂。只要內心不快樂，就不符合幸福效率學的定義。

2. 心境快樂的人，最能吸引金錢

你喜歡向誰買東西？同一條路有兩家店賣同樣的東西，一家老闆總是笑臉迎人，一家老闆卻是板著臉對客人愛理不理。假設兩家店的商品賣價一樣，你會去哪家店買？一定是去笑臉迎人那家，誰希望自己付錢還被冷眼對待。甚至，就算笑臉迎人那家的商品稍微貴一點，我們可能也還是情願去貴一點那家。

人同此心，心同此理。一個笑臉迎人的人，總是會吸引更多的客戶，也就是吸引更多的錢。

一個真正笑臉迎人的人，心裡總是快樂的。也許有人會說，現代社會，人人都戴著假面具，在客戶至上的時代，笑臉迎人是基本的條件。但我們也都有經驗，可以分得出哪些笑臉只是「職業性的微笑」，哪些是「發自內心的微笑」。

　　一般我們舉的例子，主要是第一線服務客人的商店店員。但在此，我要指的是「發自內心的微笑」，甚至也不一定要是微笑，一個熱愛自己工作，喜歡自己的服務，對自己從事的工作內容感到快樂的人，散發出的熱情與光采是掩藏不住的。

　　只有心境真的快樂的人，才可以不論一舉一動，都散發出一種令周遭愉悅的氣氛。

　　但要如何成為這樣的人呢？

　　這時候我就建議讀者可以多看些心靈成長的書，可以去看「凡事朝好的地方想」、「發現萬事萬物美好一面」、「樂觀就是最好的良醫」這類的書中觀念。請切記，讓自己快樂很重要，但不要認為快樂和金錢是互斥的。

第四章 重點復習 ✏️

致富人生＝有效應用金錢＋有效應用時間＋有效應用快樂

要想讓自己收入變高，絕對不能故步自封，一定要選擇在這三種轉變裡提升，也就是：本職技能提升、職涯視野提升，以及最重要的職涯高度提升。

要改變收入，一定要改變賺錢模式

第 1 階段：從勞力賺錢模式，轉換到以人賺錢模式

第 2 階段：從以人賺錢模式，轉換到以制度賺錢的模式

第 3 階段：從以制度賺錢模式，轉換到以系統賺錢的模式

效率理財定理一

同樣的賺錢模式，只能創造同樣的金錢收益模式，要想改變收益模式，一定要改變賺錢模式。

效率理財定理二

把自己的財庫想像成是一個水池，而讓水池滿盈的三大定律：水量夠大、水源夠多，以及最重要的水池夠深。

理想理財水池的特色

1. 可自行運轉

2. 有安全機制

3. 掌握投資基本原則賺了就抱，賠了就跑

當一個人從事的是自己有興趣工作時，效率是最高的。

PREDICTION
BUSINESS
STATIST
ATEGY
ANALYTICS
INSIGHT
GRAP
ROCESS
x
y

理財致富篇

做個有錢的
幸福人

人人都需要用錢。

所謂「君子愛財，取之有道」，這裡面最大的學問，就是「有道」兩個字。傳統的定義裡，「有道」指的是道德方面的取財，也就是「不是自己該拿的錢，分文不取」，但我認為「有道」的範圍應該要更廣，所謂「外行的看熱鬧，內行的看門道」，這世界上靠白手起家致富的人，往往也都是「有門道」的人。而所謂門道，簡單講就是兩個：「賺錢」與「投資」。

人人都愛錢，人人都想了解投資與賺錢的學問。也因此「理財書」「理財學」有一定的市場，人們不愁找不到各式各樣的理財知識。但眾說紛紜下，難免會有一些理財的迷思產生。

最大的一個迷思，就是見樹不見林。

今天，我們買一本股票投資的書，會大力吹捧我們如何買賣股票，同樣是股票，又有不同門派的操作方式，有基本面為主、有技術面為主，兩派書針對選股所提的建議可能剛好相反。但問誰對誰錯，如果你純以結果論去追究責任，好比說，你依照某甲的書去買股票，後來賠了一大筆錢，你能說是某甲的書寫錯嗎？ 重新翻閱該書，一定可

以看出書中充滿模稜兩可的字眼，「可能」、「有機會」、「機率高」、「建議」、「參考」、「視不同情況」等等，簡言之，理論沒有寫死，若你操作失敗是你本身的問題，因為同樣的操作，有人成功也有人失敗，不能說書寫錯。

同樣的狀況。市面上有許多鼓勵買賣房地產致富的書，有鼓吹買土地的理論，也有鼓勵投資名貴珠寶的電視節目。至於買期貨、買基金、買黃金、買衍生性商品或者投資藝術品，乃至於加入創投行列、投資公司等等的書都有。也都沒有對錯。因為同樣是，不同的理財，有的人成功，有的人失敗。

理財書總是舉出成功的例子，但不會告訴你，一個成功的例子背後可能有數百個失敗的例子。這就是一種見樹不見林的迷思。

還記得我們幸福效率學的一個定理：以不變應萬變。我們可以把每個不同的個人視為「不變」，不同的理財方式，適合不同的人，這就是「變」。

所以理財方式，沒有對錯，只有適不適合的問題。

在上一章我們介紹了效率賺錢的基本概念，本章我們繼續延伸，談整體人生的投資理財。

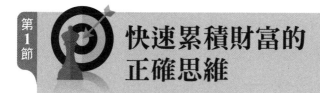

快速累積財富的正確思維

「投資」與「賺錢」經常可以是同一件事，但很多人的錯誤思維，以為賺錢主要是靠「投資」，但這個觀念是錯誤的。

正確的投資觀念

觀念 1：投資只是賺錢的一種方式，重點在於「以錢賺錢」。

觀念 2：投資不一定賺錢，事實上，投資失利的例子可能遠多於投資致富的例子。

觀念 3：投資絕不能當作主要的賺錢管道。

特別是觀念三，許多人因為看到這世界許多的大富豪，覺得他們坐擁金山銀山，享受富裕人生，讓人們很羨慕。真正的情況是，如果純以富翁的第二代來說，他們可能主要收入來源是靠投資，這是正確的，當第一代辛苦的累積

了財富，並且懂得以錢滾錢，聘請專業人士操作龐大的資金，第一代富翁的子子孫孫們，就可以享受這些投資的收益。但我們要討論的是一般民眾情況，純以白手起家來看。

　　絕大部分的富翁，收入來自於創業成功，投資只是輔助。或許有人會舉世界首富之一巴菲特當例子，他是許多人遵循的典型。會被稱為投資之神，他的財富不都是靠投資而來的嗎？

　　我的答案是，巴菲特的例子，其實也是「創業成功」的例子，只不過，他的創業領域，剛好是「金融投資」，所以讓我們把焦點都放在投資。

　　我們可以把視野平均分散到全球百大首富，或者放眼台灣國內的首富群們，就可以看到，每個首富有自己專精的領域。包含郭台銘、王永慶等，都是在專精的領域創業有成，打造一個機制。他們當然也會做各種理財投資，但以整體的收益來源來說，還是靠本業。

　　如同上一章我們提過的財富水池理論。**我們一定要有個本業作為財富主水池，至於投資理財可以有很多管道，全都只是輔助水池。**

　　有一個歷久不衰的著名理財書系列，叫做《富爸爸、窮爸爸》，書裡面提到的一個基本理財概念，的確也是我要鼓吹的理財概念，因為完全符合幸福效率學，那就是：收入的來源分成工資性收入與非工資性收入。我們要持續創造非工資性收入，才能讓人生愈來愈有錢。

　　我贊同非工資性收入的概念，**幸福效率人生的理財學，就是努力讓自己「非工資性收入」占的比例越來越大。**

　　但如同該書中也提及，收入來源可以分成 ESBI 四種，E 是指 Employer，僱員，也就是我們大部分的上班族；S 是指 SOHO，就是個人工作者；B 是指 Business，事業，也就是創業；I 是指 Investor，當個投資者。

技能上的專業與心態上的專業

　　若一個人可以以錢養錢，也就是當個投資者，那麼非工資性收入雖會增加。然而，那是單單針對「專業投資者」的情況，他可以靠金錢投資，大量賺取金錢。但對於廣大民眾來說，我認為真正的非工資性收入主要來源，還是靠事業。

理由是：**不一定人人都可以有投資理財專業，但人人都一定有自己的專業。**

　　所謂專業，包含兩部分，一個是技能上的專業，一個是心態上的專業。

　　常常看到有一種對工作人的隱喻，是以白老鼠滾鐵圈當例子。把一隻白老鼠關在旋轉的鐵籠子裡，白老鼠不論怎麼跑，鐵輪就跟著轉，白老鼠永遠脫離不了籠子的範圍，比喻上班族工作辛苦，但永遠被困在工作的鐵籠裡。

　　這個比喻有個最大的錯誤思維，那就是，認定工作就是不好的。

　　這是緣於的確大部分的上班族每天生活都不快樂，既然不快樂，那的確就如同白老鼠滾鐵輪。但工作也可以是快樂的，事實上，真正「對」的工作，一定是快樂的。

　　我們看到那些創業有成的老闆，他們一天工作十多個小時都不為所苦，為什麼？因為他們喜歡那個工作，那工作包含他的夢想、他的專業，所以他做多久都不以為苦。

　　有時候會看到報載「過勞死」，這其實也是種工作思維的迷思。工作的定義被綁死了。

　　一個有夢想的人，好比說，當年愛迪生發明了電燈泡，過程中，他可能朝也想晚也想，天天都在想如何找到好的燈泡材料，那他在什麼狀態下工作呢？他有可能吃飯時間也在「工作」、洗澡時間也在「工作」，甚至在睡覺作夢時還在「工作」。但這種工作會痛苦嗎？不會痛苦，因為根本不覺得那是工作。

　　就好像我們大學或中學時期加入球隊，在比賽前，我們可能一直想著要如何打敗競爭對手，如何讓球隊勝利。也許對於球隊教練來說，這算工作，因為他有領薪水，但對於球員來說這是工作嗎？學生球員只想贏球，不會認為這是工作。

　　同理，當你投入一件「你喜歡的事情」時，那就不會是件痛苦的工作。

　　那何謂過勞死？這也是一種以勞工觀念為思維的事情。所謂過勞，就是指身體撐不住了還硬撐。這在任何場合都可能發生，甚至在非工作場合例如體育運動時更容易發生，但不一定是工作的原因。試想，人們每天除了睡覺吃飯，其餘的時間都在做什麼事？都是在「動作」。

你上班時打電腦是「動作」、去登山旅行同樣是「動作」，包括去打球、去逛街 Shopping 都是「動作」，甚至登山所耗掉的體能，遠比你在辦公室加班打電腦耗去的體能還多。但為何我們會稱去登山旅行叫休閒，會稱假日在辦公室裡打電腦加班是辛苦的工作，若出狀況就是過勞？那都是心態的問題。心態認為是休閒就是休閒，心態認為是工作就是工作。

　　回歸到理財致富的話題，如果做一件事，會帶給你很大的收入，你會不會很樂意去做？答案是，你會去做，但不一定很樂意。

　　換個問法，如果做一件「你喜歡」的事，會帶給你很大的收入，你會不會很樂意去做？答案是，當然會去做，最好明天，甚至今晚就開始做。

　　以前述登山旅行的例子，如果你喜歡登山，然後有個財團出錢贊助你，要你去登幾個你本來就想去攀登的山，條件是只要邊登山邊攝影記錄，回來後，會依你登過幾座山，給付你一筆不小的金額。我想，你一定高興到不行。這樣的工作，也是最有效率的工作。

如何理財致富

一個人如何理財致富？

✘ 錯誤思維

在一個不喜歡的工作打拚，賺的錢趕快拿去投資理財。靠投資理財的收入，打造非工資性收入，直到有一天非工資性收入可以養活自己就可以脫離苦海，擺脫工作。

➡ 天啊！你的人生有必要過得那麼痛苦嗎？如果你到六十歲，才終於有了足夠的非工資性收入讓你「脫離苦海」，難道你這一生大部分時間都在痛苦中渡過嗎？

✔ 正確思維

找到一個「真正喜歡」的工作領域打拚，最終目標在這領域創業。靠創業有成的收入創造非工資性收入，讓自己越來越有錢（就是靠系統賺錢，或者靠制度賺錢），至於投資，就當作輔助，是成是敗都不影響生活。

➡ 這才是真正幸福效率人生。因為過程中，不論是工作是投資，你都是快樂的。

和大部分理財書強調的重點不同，幸福效率學主張：

1. 我們要積極創造非工資性收入，因為符合效率學中借力使力的原則。最佳的非工資性收入來源，主要來自於創業，投資只是輔助。

但如果剛好你的興趣就是投資，你就是很擅長股票買賣，很擅長房地產經營，或者擅長黃金買賣等。那剛好你的創業領域就是投資領域，如此，你當然也可以快快樂樂「投資賺錢」。

2. 有錢的順序，先是讓自己有錢，然後再據以做更多投資。這才是真正幸福效率學的理財致富順序。

也就是，以投資的角度來說，第一個要投資的是自己，第二個是事業，第三個才是金融理財投資。

第一段投資：投資自己

金錢

時間

能力

更優秀的自己

　　這階段非常重要，我曾在講述生涯規畫那章提到，我建議，三十歲以前先不要定下來，可以多方嘗試不同的工作，其重點便在於此。

（1）趁著年輕，多看看世界，多學習經驗。與其悶著頭在不是很喜歡的領域賺錢，不如投資自己在經驗及實務上的成長。

（2）投資自己，一方面是指實力上的提升，一方面更是指見識上的成長。**見識成長最重要的一件事，是：找出自己真正喜歡的工作。**

（3）所以年輕時代，不論是學生時期打工賺得錢，或是剛入社會微薄的薪水，這些錢，與其拿去投入自己完全不懂的金融領域，做盲目的投資，不如將錢投資在自己，讓自己多上課、多看書、聽演講，也可以適當的旅行增廣見聞。

　　年輕時就讓自己胸襟遠大，建立健康的態度和紮實的知識基礎，這樣的投資效益，是往後任何投資所遠遠無法比擬的。

第二段投資：投資事業

雖然有人說自己個性「不適合創業」，有人不喜歡領導別人，有人不喜歡發表意見。但現實的情況是：**若要追求致富人生，創業是一條一定要走的路。**

如同前一章也曾提到，創業有分很多等級，最簡單的創業就是做業務。不論是體制內創業，或者體制外創業，都可以帶給自己快速成長的收入。

投資事業有兩大原則，第一是找自己最專長最有興趣的；第二是找最有投報率的。

投入自己喜歡的領域，那是基本的。如果你去做一件你不喜歡的事，即便是創業，你也一樣不快樂。換另一個角度，你沒興趣，自然就不夠專業，也不夠熱情，這樣的創業是不會成功的。最常見的例子是，每當市場上有什麼流行，後面常有一窩蜂跟進，好比說以前有一年流行蛋塔，後來就有一群人跟進。如果是真的很喜歡蛋塔的人，他一定會很用心投入研發及蛋塔包裝，如果只是因為看到有錢賺就盲目跟進，往往最後是失敗退場。

至於投報率，那也是創業的根本。

好的創業投報率有兩種模式：

第一，是交易金額很高，但抽成較低的

第二，是交易金額不高，但抽成很高的

當然若有哪種事業是交易金額既高，抽成也很高的，那是最好的。只是這種情況不多見，且往往牽涉到特殊領域（好比說軍火工業），在此就不列入討論。

什麼是交易金額很高，但抽成較低的產品呢？

最典型的例子是房屋買賣，要賣房子不容易，可能要帶很多組客人逛好多房子，一個月可能只成交一棟。但是只要賣出一棟，那佣金往往是很高的，等於一般上班族月薪的好幾倍。

房屋的抽成比例不高，大約就 2 ～ 3%，但因為交易金額大，一棟房子動輒幾千萬，就算只有數百萬，佣金也有六位數字。一個好的仲介人員，絕對可以很快累積到第一桶金。

什麼是交易金額不高，但抽成很高的產品呢？

一個典型的例子就是保險，保險的買賣有那種大型的交易訂單，但畢竟不多，通常都是小小的金額，年繳保費

幾萬，或每月繳幾千那種。但保險的抽成比較高，而且保險是一輩子的事，加保的機率高，另外還有朋友介紹朋友的管道。一個專業的保險從業人員，年收入要破百萬不是難事。另外，專業的直銷公司，也經常強調高抽成、高回饋，這類的產業，成功的人都可能是千萬富翁，億萬富翁也不在少數。

要創業時，**第一步是找自己專長或自己喜歡的事。**

有時候一個事業，我們可能有 80% 專長，或 60% 喜歡，這樣也是可以的，畢竟，我們無法每個人都找到自己 100% 喜歡的事業。例如人人都喜歡遊山玩水，但可以把遊山玩水這件事變成事業，需要一定的專業，真正可以以遊山玩水為業的人就不多了。

第二步，研究投資事業的交易金額以及利潤報酬比。

假定我們有三個喜歡的事業可以選擇。

甲事業，是個餐飲業，每天營業額二十萬，毛利有兩成。（毛利指的是尚未扣除所有成本的利潤，也就是營業收入減掉營業成本）

月收入就是：$200,000 \times 20\% \times 30 = 1,200,000$

　　乙事業是貿易業，進口運動器材銷售，器材平均單價100,000，毛利有三成。假定每月平均可銷售二十個。

　　月收入就是：$100,000 \times 30\% \times 40 = 1,200,000$

　　丙事業是在做靈骨塔，每個塔位單價240,000，抽成比有五成，假定每月可以賣十個，月收入則為：$240,000 \times 50\% \times 10 = 1,200,000$

　　以這三個例子來看，最後估計的月收入都是1,200,000，但收入來源的關鍵不同。甲事業關鍵在於高營業額，因為每天都有人來用餐；丙事業的關鍵在於高抽成；至於乙事業介於兩者之間。如果你對三個事業都有一定的興趣，也具備基礎專業。

　　第三步，接下來就是要考慮風險。

　　甲事業的風險，在於該事業是否會受景氣影響，每日二十萬是否高估？另外，影響餐廳成本的因素很多，例如原物料飆漲等等，如果飆漲了，成本提高，每日獲利還有20%嗎？

　　乙事業的風險，在於運動器材的受歡迎度，是否被高估了？另外，純粹靠進口，是否受制於海外？如果海外調價？或者要換代理商呢？

丙事業的風險，每月賣出十個塔位可能嗎？另外，塔位應該有數量限制吧！如果塔位賣完了，公司有沒有長遠規畫？

以上只是作為參考的案例。因為本書不是事業投資書，在此就不多舉例。重點在於，我認為，真正創造收入的方法，在於創業。

以上述三個例子來說，初期創業，只是以人賺錢的事業，甚至有可能只是一人公司。但事業創辦的目的，一定要不斷成長茁壯。只要經營有方，終究會成為以制度賺錢的公司，屆時，就會不斷創造非工資性收入。

在這過程中，有任何的額外資金，任何的盈餘，只有少部分該拿去做金融理財投資。

在事業發展的階段，有資金，最佳的投資管道，就是投資自己的事業。

當事業變得非常茁壯，所產生的源源不絕收益，一定比單純投資金融理財要更多也更長遠。

到了第三段投資，才是投資金融理財。這也是下一節的主題。

如果有人告訴你，有某種投資，可以讓你一定「百分百」獲利。那可能情況只有兩種，第一、不是他在騙你；第二、不然就是投資獲利很低。

好比說，如果把定存當成是一種投資的話，那也可以說是「百分百」獲利，只可惜這是一種假性獲利。原因在於，雖然帳面上來看會有利息，若扣除相關的成本（如交通費、手續費），並以通貨膨脹換算成實際的相應現值，那定存的本金加上存款期間利息的總值算是偏低的。

另一種號稱也是「百分百」獲利的是儲蓄型保單，但其實這種保單等於是你借一大筆錢給保險公司，然後到期再還你就好。把原本可活用的現金，拿去給別人使用，犧牲自己的現金流換回有限的報酬，其實不划算。還不如直接買壽險，純粹用風險管理方式，做財務規畫。

真正具備一定報酬的投資，包含創業在內，一定有風

險。全世界沒有絕對無風險的投資。

如同我們在前一章也曾提過，如果我們一般非專業人士要投資，最穩妥的方式就是「賺了就抱，賠了就跑」，最起碼的底限就是不會賠太多，並且我們做金融投資，恪守只用「不影響生活的額外資金」。

若有心真的把投資當成是生活的一部分，最關鍵的一件事無他，就是要先做功課。因為要讓投資勝率較高的唯一辦法，就是掌握夠多的情資，除此之外，所有理財名嘴專家所告訴你的各種炒短線必勝秘訣、賺錢偏方等等，都只適用於投資老鳥，一般民眾盲目把錢投入，只會落得血本無歸。

 ## 投資效率學定理 1：
投資看的是個別標的，而不是類別

如果有人告訴你，股票是投資型的，期貨是投機型的，這種以「投資類別」做的分類是錯的。正確的說法是，股票裡，有穩健型的股票，也有投機型的股票；同理，各種理財工具裡，也有不同類型的投資標的。就連去賭場玩遊戲，也有分風險高的，或只是小小玩玩的不同情況，一味

以投資大項做類別，是錯誤的。

　　基本上，投資依風險度和報酬率來分，有以下四大類：

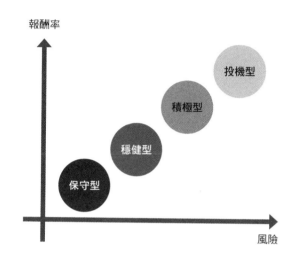

　　這四大類是以風險度和報酬率來簡單區分。基本上，風險高的相應的就報酬率高，風險低的報酬率也低。

　　所謂風險，看的是上下波動。波動幅度大的，代表風險高；波動幅度小的，代表風險較低。

什麼叫波動大？以下圖做例子：

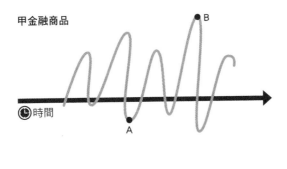

甲金融商品就是屬於波動率高的，隨著時間變化，它的價格會高低起伏很大。對投資人來說，非常難掌控，相對來說，其可能的投資報酬率卻也是最高。

試想，今天如果你在甲金融商品位於A點時大量買進，然後於B點時全部賣出，那是不是可以大大的賺一筆。相對地，在乙金融商品，你不論在哪一點買進，哪一點賣出，賺賠都沒有很大。

因此，**對於專業投資人來說，高低起伏大的商品很有獲利空間。對於非專業投資人來說，高低起伏小的商品比較有保障。**

專業投資人和非專業投資人的區別在哪呢？在於三件事，其中，有兩件可以學習，有一件卻無法學習。這三件事是：

（1）專業理財知識；

（2）肯下工夫研究；

（3）具有天生的數字敏感度，或一種理財直覺。

全世界所有的頂尖投資高手，一定上述三者都具備，缺一不可。但即便是三項具備的專業人才，也只是輸得機率少一點而已，絕沒有人可以百分百每次投資都穩贏，就連股神巴菲特也是一樣。

對於我們一般業餘投資人來說，如果真的有很多閒錢，也有足夠的時間，的確可以花很多工夫去上投資課程，並且針對幾檔投資標的做一定時間的追蹤。基本上我認為至少要追蹤一年以上，真的抓住這檔投資商品的歷史軌跡再來投資，比較可能成功。但即使如此，一個業餘的投資者，也永遠抓不到那種所謂數字的敏感度及直覺。

因為，**人各有天賦，有人會唱歌，有人會做菜，也有人會操盤。做自己專業的人才是最有效率的人，投資理財**

還是委託專家最有效率。

但人們還是一定會投資，就如同《富爸爸，窮爸爸》一書告訴我們的，靠投資可以賺取非工資性收入。

投資效率學定理2：
重點在於投資的人，而不是投資的商品

一個人若閒錢較多，且自認那筆錢就算全賠了也不會影響生活，那麼他的投資取向，就可以偏向風險高，但報酬也高的投資，也就是投機型，以及積極型投資。

相對的，會擔心自己血本無歸，喜歡投資比較穩扎穩打，不用一定賺太多，但卻絕對不想賠錢，那就是找風險較低，報酬較低的投資標的，也就是保守型，或穩健型投資標的。

如同前面說過的，這種標的不是以定存／股票／基金……類別分，而是以個別商品分。例如，風險低的投資方式，他可以在諸多投資品項中，找出風險低的項目。好比說，若要買股票，可能可以買電信類股；這是典型的保守型投資，其特色就是，這個股票股價，較不受大環境景氣影響，碰上不景氣時，也許很多高價股應聲下跌，但電信

類股卻只是小小的波動；但碰到景氣繁榮，或政策大利多時，股價也不會因此有很大的漲幅。以整體走勢來看，就是穩穩的成長。投資人短期放著不會有什麼價差，但放長期來看，趨勢是增值的。

其他包括投資期貨、房屋、土地等等，各種商品裡也都有相對比較保守的商品，以及相對風險高的商品。如何投資端看投資人的風險度承受度有多大。

另一個評估依據，是看投資人要短期投資還是長期投資。越是短期投資越需要專業，如同上頁圖的甲商品，一個專業投資人士若在短期內，不斷抓住波動的最低點和最高點，低買高賣，肯定短期會賺大錢。至於長期是上漲或下跌，就非以短線為主的人要考慮的。但大部分的投資者並非專業人士，最有效率的投資方式應為：

（1）若以中短期期限做投資：基本方式就是：「賺了就抱，賠了就跑」。

（2）若以長期期限做投資：只要選對標的，就要試著讓自己心如止水，心情不受過程中漲跌的影響。其操作口訣就如《理財聖經》一書所說的：

「隨便買、隨時買、不要賣」，只要抱得夠久，不論過程如何，「總有一天等到你」，最後一定得到的是正數。

然而，讀者一定會問，什麼是「對」的選擇？以股票來說，什麼是長期一定漲的股票？因此，總結投資的關鍵，仍然是要勤做功課，所謂做功課，最重要的一件事就是要長期觀察。以股票來說，每支股票都有自己的股性。

至於怎麼樣區分保守跟穩健？這也因人而異，有的人可能損失 5% 就叫苦連天，有的則承受到 20% 都還認為是可接受範圍。

保守穩健投資的簡單的區分法	
保守型	賠錢可承受度 0，報酬率只在 0%～6%
穩健型	賠錢可承受度 5%～20%，報酬率約在 7%～20% 間
積極型	賠錢可承受度 20%～50%，報酬率最高可達 50%
投機型	賠錢可承受度 50% 以上，報酬率亦可達 50% 以上

對於一般比較不願承受風險的投資者來說，另一個建議投資品項是基金。當然，基金也是有分風險高和風險低

的，但整體來看，基金風險低的比較多。基金的風險高低，和基金的性質有關。一般來說，基金有四大類：

- 全球性
- 區域性
- 單一國家
- 類別基金

通常越上面的基金，波動越小。相對的，越下面就波動越大，但若投資正確，報酬也最高。以類別型基金來說，有一個類別是礦業型基金，受景氣影響很大，當基礎建設很多時，需求大，但一旦需求較少，也就整個基金受影響。

 ### 投資效率學定理 3 ：
高平均風險，不等於高平均報酬

一般人有個迷思，風險高，就代表報酬高。否則怎會有人願意去投入風險高的商品呢？但其實，風險高指的雖是普遍的狀態，但報酬高卻是「個別狀態」。

就以風險度最高的一個項目來說，也就是賭博，基本上賭博不算投資，但為方便說明，這裡暫時把賭博當成一個投資標的。

眾所周知，賭博的風險是最高的，但一旦賭贏，好比吃角子老虎中了三個七，那獲利真的非常龐大，已經不是簡單的獲利幾趴計算，而是幾倍幾十倍甚至幾百倍計算。所以說高報酬絕對沒錯。

　　但以平均來看，可能一百次賭博中有一次大贏、十五次小贏，但有八十四次是賠錢。整體來看，賠率遠遠大於贏率。

　　或許有人會說，一百次贏一次也沒關係，光那一次贏的金額就可以彌補所有損失。相信這也是沉迷賭場的賭徒會有的想法。但不幸地，所謂一百次，只是個約略估計，實際情況，可能就算你玩一千次、一萬次，也碰不上一次所謂的大贏。

　　再把例子，回歸到正常的投資標的。以前述的甲金融商品來說，他的平均報酬率是低還是高呢？答案是因人而異。

　　如果一個人長期研究這檔股票，懂得要在 A 點買進 B 點賣出，那他可以在該次獲得高利。但他能夠「每次」都抓準 A 點和 B 點嗎？其實再怎麼專業的人，也很難次次成

功，就連一半一半的機率也都算好的。如果換成一個非專業的投資人，他的投資報酬率如何呢？可能就很低了。十次只有一次賺錢，而且賺錢的那一次純粹是矇到的。

所以，投資並不是件容易的事。

效率理財，
要從歷史找答案

世界上尚未發明時光機器，所以人們還無法「回到未來」。但如果人類真的有辦法乘時光機到未來世界，然後再回來。那麼影響最大的行業，絕對是金融相關行業。包括股票、期貨乃至於樂透彩這些行業，都可以關門大吉了。

所幸，這世上沒有時光機（或者某些人會說「可惜」沒有時光機），也因此，在投資理財市場上，永遠有「風險」這種煩惱。

以幸福效率學的觀點來看，所謂效率，就是投入一定的資金，要獲得最高的報酬。如同在前一節曾提過，依照不同人的風險接受度，可以有保守、穩健、積極、投機等四大類型的投資選擇。

 ## 從歷史學投資

然而，有沒有一個共通的定理，可以適用在所有的投

資選項呢？有的，那就是「鑑往知來」。一個人，雖然不能飛到未來提早了解投資理財結果，卻可以透過研究歷史的律動，了解哪些事可能會再次發生。

從歷史經驗可以知曉，有幾個錯誤不能再犯：

1. 小魚不要玩大池塘

世人最常犯的錯誤，就是看到別人賺大錢，自己也眼紅想要學。想要賺錢的積極渴望是正常的，只不過，千萬不要小孩想玩大人的遊戲。到時候很容易後悔莫及。

一般人若資金不多，經不起重大的財物損失。但偏偏這世上有太多讓人損失的考驗。最常見的有以下三種：

（1）炒作陷阱

歷史上有一個知名的炒作世紀大騙局。

十七世紀初期於荷蘭阿姆斯特丹，忽然流行栽種起鬱金香，本來只是花卉欣賞，後來變成高尚的品味，乃至於擁有鬱金香成為一種身分地位，富有人家都想擁有。既然有需求，就有市場，鬱金香的價值於是水漲船高。當時許多人都想要買鬱金香，然後以翻一倍的價格轉給下一手。

在那熱頭上，卻沒有人想過，價格一直飆上去，誰要當最後承接離譜天價的白老鼠？

這就是著名的「鬱金香熱」。明明只是一顆球莖，到後來，價格甚至比一輛馬車還貴。熱潮末期，陸續有人白日夢醒，發現鬱金香熱的荒謬，但炒作者早已經賺飽走人，徒留一群可憐的老百姓，將一生積蓄投入一個沒價值的植物，以至於破產、家庭破滅、自殺……，悲劇到處上演。

同樣的劇情一直上演，幾次金融海嘯，席捲了成千上萬人辛苦存下的終生積蓄。這時投資的標的不是鬱金香，而是衍生性金融商品、次級債券、股票，還有房地產。

在 2015 年底時台灣房地產市場已經被嚴重高估，房價高到離譜，完全脫離市場供需法則。在這樣的市場上，呼風喚雨的都是大金主，他們一個下單、一個抽單，都可以帶來市場價格的重大變化。在他們面前，一般小老百姓像是大水塘裡的小蝦米，妄想要撼動大鰻魚。

理財是重要的，但要確認是自己在玩錢，而不是錢在玩你。

（2）贏小輸大

大家常在電視上看到一種老掉牙的情節：一個人手中有著幾萬的現金，本來可以過舒服日子，但却誤入歧途，進入賭博市場，本來想說「小玩一下」就好，但人們普遍太高估自己的自制力了。許多人不但輸到全身只剩褲子，甚至還傾家蕩產，把祖產甚至家人都賠進去。

這樣的事情，為何電視一直在演？那是因為，直到今天，這種事還是經常發生，顯然人們很難從歷史學到教訓。

但其實也不能怪民眾愚笨，他們會掉入萬劫不復的債務深淵，第一步，一定是被惡意引誘的。這已是賭場的老套了。故意讓你小贏幾局，讓你吃到甜頭，等你玩到財迷心竅，欲望已被激起，欲罷不能時，你才一頭栽進賭局裡，不管一輸再輸，還是迷信著想要翻本。

你以為這只是指賭博嗎？其實生活中很多領域，都是讓你贏小輸大。例如打麻將，例如玩股票，更別說投資期貨以及各類衍生性商品。我沒說投資股票期貨不好，但如果你本身不是投資這塊料，投資不是你的專長，那就請專人協助，不要再做贏十倍、百倍的富翁白日夢。

（3）自不量力

當手中擁有的金錢不多，卻夢想由小金額變成大富豪，雖說有夢最美，但「賣牛奶的故事」已經告訴我們，夢再美，若飛得太高太遠，只會讓你跌回更不堪的現實。

在金錢市場上，有三大敵人，他們都會害你傾家蕩產。第一個是幕後炒作者；第二個是賭博設局者；第三個是誰呢？不是別人，就是你內心那個不切實際的白日夢自我。

前面兩類，例如陷入炒作迷思最後積蓄賠光，以及跌入賭局陷阱輸小贏大，都是外人來害自己破財。但在「自不量力」這部分，鐵定是自己害自己。

什麼叫自不量力呢？就是手中沒那麼多錢，卻想去玩「大的」，最常見的就是買房子。許多人被民間傳統的「有理想有抱負」的青年一定要買房子的思維所迷惑，明明每月薪水只有三萬，扣掉生活開銷後所剩無幾，卻硬要去貸款買房子或買車子。在交屋及交車那刻，內心非常興奮，但到後來繳款，卻笑不出來了。在台灣有太多因不堪每月房貸、車貸等負擔，最後不是斷頭賠本賣出，就是更慘的，資產被法拍，整個人也信用破產。

　　此外，直銷也是，有的人無法量力而為，在直銷場合被美麗的詞彙誘惑，幻想自己將來每月收入可以有幾百萬。於是刷卡買下一堆用不到、後來也賣不掉的貴重產品，最後以卡養卡，過著悲慘的債務人生。

2. 凡走過必留下痕跡

　　投資的極端是投機，從投資到投機間可以畫一條線：

　　如圖所示，隨著軸線往右邊延伸，「已經充分了解」的部分，占有的比例越少。在最左邊的時候，「充分了解」的比例占大部分，可能高達 80% 以上，風險則只有 20%。

風險

了解

　　但到了最右邊，反過來風險的機率占有大部分成分，高達 80、90% 以上，「充分了解」則只有不到 20%。

風險

了解

　　這世界上，各種投資理財都有人做，也都有人致富。重點在於，你是否可以抓住訣竅。

　　請注意，我們做理財投資，是投資或是投機，因人而異。如果你對某個理財一知半解，那你就是在投機；相反地，若你掌握專業，那對別人來說是投機，對你來說卻是投資。

　　以股票投資來說，有的人花了很多工夫去研究週線、年線，也去分析公司財報。對某家公司的財務瞭若指掌，對他來說，買賣某家公司股票，有相當大的把握。

　　他的理財圖形組合是這樣：

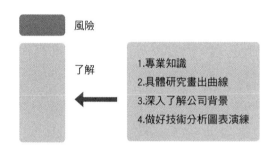

　　相反地，一個只聽到傳說某支股票會漲，就跟著別人一窩蜂買進的人，其理財圖型組合是這樣：

　　因此，一個人能不能夠透過歷史學習，是能否致富的關鍵。

凡走過必留下痕跡，痕跡在哪呢？其實俯拾皆是：

- 理財的基本知識，如何看懂財報、如何知曉股市投資的術語？這在學校課堂上就有教，或者看書也可輕易習得。

- 一家公司的營運狀況，這看報紙就有，或者點選網站，看公司公開資訊也很方便。

- 如何知曉過往一兩年的股票趨勢圖？這些只要勤於查閱股市刊物，加上勤做功課，就可以畫出曲線。

- 如何知曉未來動態？這可以結合整體世界時事，好比說，你買鋼鐵股票，透過海外資訊，了解亞洲目前對鋼產量的需求很大，而亞洲地區高品質的鋼，就是由你這家公司提供，你就可以合理推斷，你買的這家鋼鐵公司股票，未來趨勢看漲。

理財的力量，來自知識。而所有的知識，都是來自過往的軌跡。這適用於任何的投資項目。包括股票、基金、房地產、期貨。甚至也包括賭博，一個專研賭技的人，可以分析研究出，每台吃角子老虎的掉錢機率，甚至透過物理結構，可以找出如何施力以影響機台，或者如何丟骰子

影響點數等等。

任何東西都有學問，而學問都來自於歷史。

3. 記取教訓的人，可以避開錯誤的路

有句話說：「不經一事，不長一智。」很多人主張，多方嘗試，累積人生經驗，就可以讓自己生命滿盈。可惜很多事情，最好不要嘗試。

你一定要被火燒過，才知道火危險嗎？下次可以避掉火，但燒傷的皮膚已經回不來了。

在投資理財的領域，我強烈主張，盡量引用前人的智慧。所謂效率，看的是結果，就像龜兔賽跑，也許初期跑輸，但最後會贏得勝利。在理財的領域，不要以為搶快就好，若不了解商品，寧願多花點工夫了解，再出手。

所謂「一失足成千古恨」，理財最怕這種「千古恨」。

我看過太多朋友在理財路上走錯路，後遺症到現在仍繼續著。有人過度擴張信用，刷卡進貨，後來每個月的收入都用來繳利息，身陷債務泥沼難以翻身。有人自備資金不足，過早買房子，一輩子成為房奴，每月賺的錢所剩無幾，生活失去品質，一切的夢想，包含投資、國外旅行，

都遙不可及。

其實，不用坐時光機到未來，很多事都可以事先看到。

現代人很愛看電視，但為何不將電視裡的劇情化做教訓呢？明知道借錢給朋友經常要不回來，還傷了友情，許多人還是將原本可以拿來投資理財的現金，拿去幫朋友實現那些八字都還沒一撇的夢。

明知道，幫人做保風險很大，我還是經常聽到，某個家庭因為當保人被連累，一生積蓄都沒了，還得躲債搬家。

明知道，某檔股票風險很高，雖然有機會可以大撈一筆，但也可能慘跌成壁紙。已經事先告訴你危險了，但就是還有人要賭一把，到頭來後悔莫及。

這世上，永遠追不回的就是「早知道」。但實際上，只要有心，還是可以早知道。歷史就在那裡，供我們查閱。

以股票來說，要買股票，就要先去研究波動與損益。要買基金，也一定有過往的盤勢紀錄。要了解過去才能洞悉未來，若沒個底，失誤率就高。

但綜合所有歷史教訓。有沒有一個共通的，不用看史書查資料，也共用的道理。有的，**那就是將理財交給專業。**

　　實情是，人各有專長。有些人已經專研投資理財領域十幾、二十年，有些人就是天生有數學頭腦，理財眼光獨到。所以與其自己花許多工夫，去研究理財的撇步，還不如，就委託給專業。

　　就像買賣房子會去找房屋仲介，買股票、期貨，一樣可以交給專業投資者。但請記得，不是股票經紀人就是專業投資者，也不是銀行理專就是基金操作高手。事實上，許多經紀人只是拿你的金錢，去做他自己的投資。賺大錢時，他第一個享受好處；投資失利時，他們卻可以完全置身事外，一副早就跟你說了「投資理財有賺有賠，風險自負」的嘴臉。

　　因此我們投資，一定要找專家。所謂專家的定義如下：

　　第一，要是業界的頂尖好手！

　　第二，要說好遊戲規則！

　　第三，建立信任基礎！一旦委託就要全心信任，切忌疑神疑鬼。

　　以我來說，若要投資，當然是找像巴菲特這樣的人。要買基金，也是要有實際操盤實績作保證的團隊。

第五章 重點復習 ✏️

理財方式，沒有對錯，只有適不適合的問題。

正確的投資三觀念

觀念1：投資只是賺錢的一種方式，重點在於「以錢賺錢。」

觀念2：投資不一定賺錢，事實上，投資失利的例子可能遠多於
投資致富的例子。

觀念3：投資絕不能當作主要的賺錢管道。

幸福效率理財

1. 要積極創造非工資性收入，因為符合效率學中借力使力的原
則。最佳的非工資性收入來源，主要來自於創業，投資只是
輔助。

2. 有錢的順序，先是讓自己有錢，然後再據以做更多投資。這
才是真正幸福效率學的理財致富順序。

先投資自己，再投資事業

投資效率學定理1：投資看的是個別標的，而不是類別。

投資效率學定理2：重點在於投資的人，而不是投資的商品。

投資效率學定理3：高平均風險，不等於高平均報酬。

從歷史學投資

1. 小魚不要玩大池塘。

2. 凡走過必留下痕跡。

3. 記取教訓的人，可以避開錯誤的路。

PREDICTION
BUSINESS
STATIST
ATEGY
ANALYTICS
INSIGHT
GRAP
ROCESS
x
y

攘外必先安內

　　修身、齊家、治國、平天下。家庭的位置，非常關鍵，也可以非常的彈性。

　　時常，我們把家當成是自己的延伸，因為家人都是自己人。很多話，不能跟外人說，只能對自己人說；當我們在外頭碰到大風大浪，家是我們永遠的避風港。不論我們的身分是什麼，是總統、是逃犯、是明星，還是外星人，我們在外面的世界永遠只能展現一部分的自我形像，只有回到家，門一關上，才能鬆一口氣，踢掉鞋子，穿著家居服，甚至只穿著內褲，放鬆的往沙發上倒。

　　而這所謂家，也還有等級之分。最普通的家，就是一夫一妻加上孩子的組合，但也有的家，是以師父為首，結合一群門徒設教立派，大夥兒都是家人。或者有的公司也標榜「我們都是一家人」，老闆動不動開口就說：「我把你『當家人看待』！」擴而大之，一些大型社團都說自己是一家人，好比我們都是扶輪社、都是獅子會，或者都是教友、都是慈濟人等等。再更大的，就是一種願景了，所謂的「家天下」。古代帝王認為，全世界的人都是他的家臣，那是以統治者的概念看世界。現代的領袖級人物，則常說自己心懷慈悲，「以天下興亡為己任」。簡單講，他

和以前的帝王一樣，都是想要「家天下」，只是因應時代變遷，說話的術語變了，為了得民心，懂得要更善用「辭令」罷了。

然而，講這麼多有關家庭的事。不是因為要闡述家庭幸福學，而是闡明一個真理——**一個人家的範圍越大，生活效率也越高。**

這不只適用在大企業集團，或者政治、宗教領袖上，也適用在廣義具備影響力的人身上。

舉例來說，2015 年年初，台灣台語歌壇老將江蕙小姐宣布封麥，演唱會門票狂賣，許多人就算請假不上班，在寒風中漏夜排隊，也要擁有一張她的票。這就是「家人」的力量。所有江蕙的粉絲們，都自認是江蕙「家族」的成員。同理，在不同專業領域裡，例如大學教授有自己的門徒；政治殿堂裡有自己的人馬；宗親會、公益社團、讀書會等，有自己的兄弟姊妹們。包括平日可以在議會殿堂，叫部會首長站著罰站，不可一世的人，也必須經常到自己的選區和選民稱兄道弟，鞏固自己的「民意基礎」。

所以，廣義的家就是人際關係。本章就來談家與人際關係的效率學。

第1節 人際關係 的力量

感情的事，絕對不能談效率。如果你和男女朋友交往，開宗明義就告訴對方，你是有目的，為了利益才和對方交往，那這段感情會成功才奇怪。

但弔詭的，感情卻絕對是讓自己人生更有效率的助力。

感情為何最有效率？因為感情不需要成本，卻可以獲得很大的回報。感情的力量來自兩個層面：物質實體面，以及心靈感性面。

物質實體面　心靈感性面

有句話說：「給我一雙翅膀，我就可以飛得更高更遠。」怎樣的人可以給你一雙翅膀呢？只有和你有感情的人，可以給你翅膀。

一個孤軍奮戰的人，永遠比不上有感情支撐的人有效率，因為他就是少了這雙翅膀。

物質實體面

父母長輩：提供財務和生活依靠。

兄弟姊妹：提供勞力或金錢贊助。

夫妻：透過姻親關係提供實質助力。

愛人情侶：為了愛，願意提供金錢以及各種實質助益。

門徒教友：束脩、捐款、奉獻、勞動服務。最狂熱的
　　　　　信徒，連生命都可奉獻出來。

粉絲影迷：花朵、禮物、各種本身的資源。最核心的
　　　　　粉絲們，簡直你叫他們往東，他們就不會
　　　　　朝西看。

心靈感性面

家人：給你一個永遠的心靈避風港。

愛人：給您一個永遠的心靈寄託。

朋友：給你永遠的加油。

信徒：給你繼續走下去的熱情。

 「家人」定義的最大延伸

當年國父革命，如果沒有那麼多的追隨者，就算原本

他有多麼的鬥志昂揚，憂民憂國，熱情也終究會冷卻。

某個角度看，感情的經營，和事業很像。

事業需要從以勞力賺錢，提升到以人賺錢，以系統賺錢。感情的經營，也需要從一個人奮鬥，到能夠聚合一群向心力的人，甚至像梁山結義般，有一群可以同生共死的好哥兒們。

然而感情的經營，卻又和事業的經營有最大的不同。那就是事業是以利益為導向，感情卻是以內心的認同為導向。

當一段感情，變成以利益為導向的時候，也就是感情關係衰亡的時候。

一個家庭，子女飯來張口，缺錢就伸手，久而久之，父母在孩子眼中只是提款機。這個家庭，已經缺乏那種感情溫暖。

一對夫妻，妻子只把丈夫當賺錢的工具，當丈夫失意不得志時，妻子就想移情別戀，那這段感情也一定早就名存實亡。

相反的，**若能夠把原本以利益為導向的關係，轉變成**

以真心為導向的關係，那將形塑一個強者。

所以古今中外的優秀領導人，他的追隨者，很少是因為利益才追隨他的。並且反過來，許多人為了追隨心目中的宗師，願意付出財富金錢。

革命家們，喊出一個振奮人心的口號。

宗教家們，擘畫出一個令人悠然神往的國度。

那些大明星們，則將自己包裝成一個男神女神，以己身造夢，讓影迷們有個投射的地方。

他們都將「家人」的定義，做了最大的延伸。而所有這些擁有最多「家人」的人，也就容易變成最有效率的人。

因為許多的建設、許多的事業，他們不用自己動手，只要動動口，就有一堆「家人」爭先恐後為他賣命。他們可以以最短的時間、用最少的成本，讓一件事情更容易成功。這就是感情的力量。一個無法靠強求，只能靠己身魅力募集的力量。

然而我們一般人，既不是什麼教派的教主，也不是擁有大批粉絲的明星，我們要如何擁有「感情的力量」呢？

其實，人人都可以擁有感情的力量，也一定要擁有感

情的力量。我們不用以那些極端的例子做目標，那樣只是自尋煩惱，況且，那些大人物的魅力，不是單靠努力就可以得到的，許多都還要結合時代的因緣際會。

我們必須擁有感情的力量。因為我們本身就像一個個孤島，要想闖蕩世界，一定要有雙翅膀。

這不同於金錢的概念。金錢是，你今天手上擁有一塊錢，你就真的有一塊錢。感情不是這樣，你今天旁邊站著一個伴侶，他有可能身在這心不在這。你今天開一家公司，擁有十個員工，也可能十個人都只為了薪水才討好你，沒有一個是真心想為你打拚。

所以世界上最遙遠的距離，不是實體地理上的距離。是人的心與心間的距離。要擁有真正的感情的力量，也就是擁有人際的力量。

古時候有人主張要用權謀，然而靠權謀維繫的感情並非真心，絕無法長久。我主張的感情力量，是要循序漸進的。

建立感情力量的三步驟

步驟 1：充實自己

所有建立強大人脈網的人，絕對有個共同的特色，那就是「有魅力」。這個魅力不是只外貌，雖然的確有人靠外貌吸引很多粉絲，但若要關係長長久久，一定還要有其他更重要的東西。

列出五大必備的魅力元素：

1. 專業

你可以是個電腦專家、法律專家，或者歌唱專家。只要有一定專業，你就一定可以形成一定的人脈圈。不可否認，其中有很大一部分人是基於現實，覺得認識你對他們有幫助。但時間久了，有許多人會自然而然變成朋友以及粉絲，那就是超越現實的感情力。

2. 理念

你能夠喊出自己獨一無二的理念；你可以成為宗師、你可以革命，但你也可以不一定要那麼轟轟烈烈。只要有你的理念，你就可以形塑你的「氣質」，這就是一個人吸

引人的無形力量。有的男生其貌不揚，但就是可以吸引校花、女明星，因為他們散發一種不凡的氣質。那氣質通常根源於理念。

3. 人格特質

人格特質表面上看來和理念很像，但理念是一種主張，有人追求世界和平，有人主張生活修行……，理念形成一種個人特色。但人格特質，不因事而改變，有的人就是擇善固執，有的人就是有所為有所不為，有的人就是悲天憫人，有的人就是飄泊不羈。也許有人會說，每個人本來就都有人格特質，這不是生命必備的嗎？但我要說，大部分人都在模仿而很少「做自己」，唯有那種渾然天成，有自己風格的人，才是具有真正的人格特質。

4. 親和

親和也是一種人格特質，但在此要把它獨立出來，成為一個人吸引人的元素。因為這一點具有關鍵影響力，並且和其他特質不衝突。一個人可以個性隨興，但對人親和；一個人也可以個性嚴謹，但同樣對人親和。我們看許多宗師級的人，他們的人格特質各不相同，例如達賴喇嘛和證

嚴法師，兩人的氣質完全不同，但各有其親和魅力。

5. 成長

在五個吸引人的元素中，這個是最不容易看出來，但卻影響深遠的。以最現實的例子來說，有的明星曾經擁有廣大粉絲，但隨著年紀漸長，漸漸失去舞台，影迷也越來越少。那些影迷不是基於現實才離開，畢竟他們不是為了金錢或實質利益才支持他。他們會離開，是因為這個明星漸漸不吸引人，原因就在於停止成長。

步驟 2：善待別人

人與人間的相處有很多種關係，有親密朋友間的關係，有工作夥伴的關係，也有與陌生人間的關係。如何把這些關係做好，是種學問。我們絕對不要求，一個人要對「每個人」都好，那是不可能的，也是沒效率的。連儒家也都主張「親疏有別」。

但有些基本的態度，卻是共通的。適用在妻子身上，適用在孩子身上，適用在朋友身上，也適用在第一次見面的陌生客戶身上。這些共通的基本態度有三個重點特質：

1. 誠意

對不同人要有不同的應對進退，那樣活著太累了，最好的對人態度，就是以誠待人。所謂誠，不是指誠實，雖然誠實也算誠的一種，但這裡的誠是只態度上的誠懇。

我們不一定要對每個人誠實，但肯定要對每個人誠懇。

好比說，在商場上，我們不可能將公司的商品底價告訴競爭者，但我們可以跟他們說，我們各自公平競爭。警察面對小偷，絕不可能告訴他，警方打算在哪埋伏抓你，但可以誠懇的態度說：「我今天代表法律行事，我的職責就是要逮捕你歸案。」

一個人做人做事有沒有誠意，其實還是看得出來的。人與人間相處，有誠意的人，可以形塑一個人際網。

2. 善念

我們在心裡總是要存著善念。那不是為了什麼利益，而是一種善的好習慣。一個人若從小就養成與人為善，若有可能就順手幫助別人的思維，這樣的人，有一個很健康的心理。最大的影響，就是這個人不論在哪裡，行住坐臥，形諸於外散發出一種無形的吸引力。靠著這樣的吸引力，

是很容易聚合人群力量的。

相信嗎？雖然科學並無法找出所謂第六感那類的超能力證據，但人與人間卻確實有種超越理性的感覺，若一個人心懷不軌，就還是會散發出一種「不對」的氛圍。有心人自然感覺得到。

3. 同理心

這是三個元素中最需要培養的，也是現代人很缺乏的。人與人間若有同理心，很多衝突就不會發生。並且，同理心對於吸引客戶，非常有助益。雖然我們不是為了利益導向而刻意表現同理心，但一個真正發自內心有同理心的人，一定可以做到讓自己人際關係增長，也會帶動家庭以及事業等關係。

同理心，非常重要，是效率學中一個很重要的潤滑油。我們將在下一節特別介紹。

步驟 3：領導統御

當你因為自身的魅力，吸引一群人，這是第一步；讓接近你的人，透過你而善待別人，這是第二步。接下來就

是領導統御了。

　　或許有的人會誤解，認為我們又不是要當什麼教主，或當什麼社團理事長，需要凝聚一群人做什麼。其實，人人都需要一群人。因為，我們都需要一雙飛翔的羽翼。

這裡的一群人，不是指你要擔任他們的王，他們的頭頭。人人都有一群人，簡單講，那就是你的人際圈。一個人的人生要有效率，一定要有自己的人際圈。這個圈圈，可以分很多層，但都是屬於你的人際圈。

　　每個人的人生都可以畫出這樣的人際圈。但是：

- 一個有魅力的人，這樣的圈圈很大。特別是最外頭的一圈，可能有數萬人。

- 這裡的圈圈，不是說所有陌生人都可以加入圈圈，而是真的要至少認識你，且和你有互動（包括粉絲對明星的認同，也算互動）。

- 一個人可以有很大的圈圈，但也可能圈圈很小。好

比說《魯賓遜漂流記》裡的主人翁，他漂流到荒島，圈圈裡的人很少很少，所以他也可算是在人際上最沒有效率的人。

- 圈圈原本都是助力，但有人卻因為疏於維護，讓原本的圈圈，變成自己的枷鎖。最常見的就是家庭沒有經營好。於是，在外面可能是光鮮亮麗的企業集團老闆，但圈圈的核心卻是爛掉的，這樣的老闆，永遠都有遺憾，不會快樂。也有可能爛掉的是密友那塊，同樣會有遺憾。

家庭是人際關係的基本核心，我們將在下一節，以專節介紹家庭關係與家庭效率。

「家」是否效率 的核心

　　一個掌握幸福效率的人，一定也是個擁有幸福家庭的人。不論單身或者已婚都是一樣。

　　雖然世上流傳著許多「婚姻，是愛情的墳墓」、「要讓一個人痛苦，就叫他結婚」這類話，但不可否認，家庭是效率人生的最大支柱。年少時代的原生家庭，父母的關愛，帶來第一段幸福人生，以及建立長遠的愛與關懷能力的基礎；成人自立後，自己創造第二段幸福人生，或者娶妻生子建立家庭，或者和相知相許的另一半，合作親密信任的關係，可能同居、甚至不婚主義，也可以是同性戀。但都不影響幸福的可能。

家庭是幸福效率的基石

　　家庭、婚姻、親密關係，之所以是幸福效率的基石，原因在於，這些關係符合效率學的基本原理，那就是：

1. 家庭或親密關係，可以在同樣的時間、同樣的付出，達到最大的效果

事實上，真正的親密關係甚至是不用付出什麼，就可以得到最大的收益。這是超越商業、超越現實，上天帶給人類最大的禮物之一：

- 父母，可以不計代價全心為子女付出。
- 孩子可以讓自己生活的所有需求都得到滿足，甚至理所當然到連謝謝都不用說。
- 愛人為了另一半，可以付出時間、金錢，只為了看到他開心的笑。
- 生活中不管碰到怎樣的苦、怎樣不可告人的事，都可以關起門來和自己的伴侶說。

以效率公式來說：**付出一點點，甚至不用付出什麼＝得到許多，甚至得到太多太多。**家庭及親密關係，絕對是幸福效率學的典範。

2. 家庭和親密關係，影響的效率是全面的

以時間來說，短期和長期影響都有。以影響層面來說，更是身心靈都被影響到。

- 有人說，要打擊一個人，最狠、最有效的切入點，就是打擊他的愛人。這點屢試不爽。就好像一輛跑得再快的跑車、或者再怎麼堅硬的裝甲車，只要破壞引擎，就整台車拋錨。愛是每個人最大的動力。

- 小時候的愛與關懷，影響一輩子的心靈健康。

- 人人都有經驗，不論你在外面多有成就，得到眾人多少掌聲，如果回到家被潑了冷水，那一桶冷水，要壓過上百人的掌聲帶來的溫暖。相反的，在外面打拚，遭逢挫折和失意，但親密愛人的真心關懷，一句話就可以消除白天經歷的所有不愉快。

- 總裁今天心情愉快，表示今天和老婆很愉快，相反的，總裁今天板著一張臉，表示他今天和老婆吵架了，全體員工皮要繃著點，隨時可能挨罵。

所以，人人都要維持好自己的幸福家庭關係，就好像大船出海在遠洋作業，總要有個碼頭可以安心靠岸。

既然家庭及親密關係，是最有效率的媒介，那麼理所當然，人人都應該要懂得守住這個瑰寶。

就好像，當我們手頭上，有四、五個投資管道，投

資報酬率不同，有的投報率達到200%，有的投報率卻只有10%，甚至投報率是負的。在這樣情況下，理當守好200%的那個投資工具。

但實際上卻不然。有太多人，放著手中效率最高的瑰寶，不好好珍惜，反而將時間及用心放在其他次要事上。這種情況如此普遍，乃至於各種家庭及感情悲劇，已經不算新聞。只有到極端離譜的，好比說子殺父、夫殺妻這類的事才會上版面。也難怪現代人經常不快樂，自殺率高、生活快樂指數偏低。

或許有人會說，家庭幸福和成不成功是兩回事。多的情況是，大企業老闆，家庭失和但擁有億萬身價，是社會上呼風喚雨的大人物。

回歸本書的宗旨，我們要追求的是幸福效率，而不是追求最多財富。我們主張富裕以及幸福可以並存，事實上，富裕與幸福應該是相輔相成的。當一個家庭不快樂，他再怎麼家財萬貫，也無法得到真正的快樂。

有些人不懂得珍惜的原因

一般人，會不珍惜手中幸福的珍寶，主要可能有三：

1. 太容易得到，反倒不會珍惜

不珍惜的情況，隨處可見。孩子對父母的關懷愛理不理的。夫妻相處，妻子絮絮叨叨的表達關懷，但做丈夫的卻只顧著看電視，不搭理她。

在經濟學上，會講求供給與需求，其帶來的效應，往往遠大過實際效應。好比鑽石，非常稀有所以極度昂貴，但以實用性來說，鑽石一不能吃，二不能做什麼日常生活用途，除了工業上拿鑽石來做切割玻璃等的刀具，其實鑽石並不實用。相對來說，在一般國家，水只要開著水龍頭就有，水是人生命的必要元素，沒有水人類就不能存活，但除非發生大旱災，否則人們平常根本無視於水的存在。

我們對愛的態度也是這樣。

一個可以帶給我們最大動能的效率源。卻往往因為人們不懂得珍惜，乃至於有一天錯過，帶來的傷痛往往也是最大的。

2. 以為時間很多，可以將家庭擺在最後順位

更多人會表示，他們不是不珍惜家庭與親密關係，只

是不用「立刻」去照顧。為什麼呢？這也和效率學有關，只是這是被誤用的效率學。

錯誤的效率學邏輯是這樣的：

甲和乙兩個目標，甲已經掌握在手，所以只要將資源用在乙就好。最好的情況，當然是甲和乙都可兼得。實務上，這樣的理論也是對的。在有限的資源下，若甲只需花一分資源就可得，乙需花九分，那麼最佳的時間運用效率，絕對是甲：乙＝ 1：9。

問題在於，「人」不是「東西」，不能完全套用現實的效率學。否則很容易走在鋼索上。

在商場上，你有兩個客戶，甲客戶是你的長期客戶，兩人熟到可以拍肩膀彼此取笑；相較來說，乙客戶是新開發的大客戶，你要倍加巴結。一個有經驗的業務或企業老闆，一定懂得拿捏分寸。你可以一個禮拜，花五天去討好乙客戶，只要撥一兩天看望甲客戶，甲客戶不會有意見。但如果你在見甲客戶時，因為乙客戶的事取消和甲客戶的約定，或者在做服務時，給乙客戶的服務比給甲客戶還要好。那你就「越界」了。

在商場上，一旦越界，那傷害將難以彌補。同樣的，在感情世界裡，也是如此。

再怎麼忙，都還是要把家人當一回事。否則就算再有耐心，願意等待的家人，也有個極限。超過極限，孩子不再把你當成尊敬的父親，妻子不再和你同心同德。到那時候，悔之晚矣，任何的嘗試都無法挽回。

3. 貪心不厭足，要得太多

和關心不足相反，不是關心太多，而是倚賴太多。這是另一種常見的情況。

因為一個媒介太好用了，所以捨不得放下。或者，既然這個媒介那麼便宜，我就賴著不走吧！這是家庭與感情效應的一個反面極端負面。

台灣在從前較刻苦的年代，比較少有這種情況。但進入二十一世紀，這樣的情況卻變多了，因此產生了一個新的社會學術語——「啃老族」。是指年紀已可自立了，卻依然靠父母照養，甚至有到三、四十歲仍不肯好好工作，倚仗著父母積蓄夠豐，就整天宅在家，吃爸媽的。

另一個術語叫做「媽寶」，年輕人在外面一碰到挫折，就哭著喊媽。遇到不如意就將責任推給家人，碰到麻煩就一通手機向父母求救。視情節輕重不同，輕則做什麼事都要父母陪，都已經二十幾快三十了，找工作面試還要父母接送，甚至陪坐在門口（這樣的人會被錄取的機率比較低吧！）；重則丟臉丟到媒體，例如過往有案例，有少爺兵，在軍中只因伙食不滿意，就哭鬧賴在地上，或者休假不願歸營，在車站蹲在地上耍賴。

別以為，只有新一代年輕人才有太依賴的現象。其實各世代都有，有兩種極端的病症：一種叫「家管嚴」，特別是許多在工作職場上不那麼如意的人，回家反倒把自己的家當成王國，自己就是國王，對家人頤指氣使，對妻子疑神疑鬼，對子女處處約束。一種叫「需求不滿」，男人愛花心，到處找女人，看起來好像自己很行，其實內心空虛。最後家庭和小三，兩頭落空。

以上兩種都帶來不幸福的家庭。而家庭又反過來，抵銷他在任何領域上的努力。

最大的效率源不好好珍惜，就會反過來變成最大的破

壞效率源。

記得前面那個人際關係圖嗎？可以把這個圖想像成是一個袋子，若從側面看，袋子的圖形會是類似下面這樣的圖：

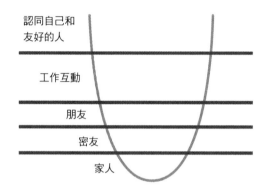

我們每個人都擁有一個袋子，裝著一生的快樂金錢等等，如果最中央的洞，也就是家庭破了個洞，我們可以想像這種畫面。無論放什麼東西進去，都很容易從袋子底部掉下來。

當破洞的位置越下面，可以裝的東西越少。也就是一個人的人際關係中，家庭關係不好、密友關係不好，就等於人生破了一個大洞，無論獲得什麼，都無法好好保留，就算是快樂，也只是暫時的。

相反的，有好的人際圈，好的家庭、朋友圈當自己的心靈避風港，就算遭遇不順，也能夠因為一點點安慰，很快就感到內心「滿滿的」。

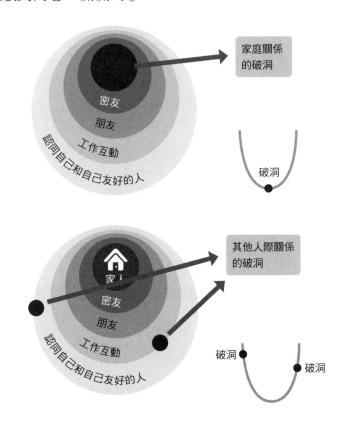

　　一個來自家庭的破洞，不只會影響整個人生，讓快樂很快消失，還會蔓延到其他地方。我們都有經驗，當手上

提了一個脫線的毛袋子，底部脫線了，那麼洞將越來越大。其實，其他地方的破洞也一樣會蔓延，但影響最大的位置還是在底部，因為那是整個袋子的核心。

效率學的一個重要關鍵，是我們一定要照顧好自己的家庭，人生才會有效率。

或許有人會問，那孤兒怎麼辦？或者遇人不淑失婚的人怎麼辦？我的答案是，仍有許多孤兒，在孤兒院或善心家庭的照養下，感受到家的溫暖，這樣環境成長下的孩子，很多都可以有一番成就。然而一個成年人，要為自己的行為負責，遇人不淑的那段時候一定是痛苦的，但只要後來有找到新對象，依然可以營造幸福人生。

對於不婚族來說，雖然沒有婚姻形式，但只要和伴侶有親密信任的互動，那感情也是一種支柱。至於因配偶過世，或某些原因孤單生活著的人，無可諱言，他們會精神孤獨，但如果擁有很多朋友以及親族的力量，還是可以協助讓親密關係的袋子比較密合。

幸福效率學，要先懂得照顧關懷好自己家人。進而對身邊朋友都好，形成你的人際圈。

不要說為了工作不能照顧到家人，那等於是把最外圈的朋友，當做比最內心的家庭還重要。那樣是違反幸福效率學的。

耕耘家庭效率學

有關家庭的事，有句話說：「家家有本難念的經。」若要用一個章節來介紹家庭，那是遠遠不夠的。但純就幸福效率學的角度來看，家庭的重點就是一句話：

把家當成自己的延伸，所以適用於自己的效率學，全都適用於家庭效率學。

簡單說，家就是一個擴大的自己，自己的妻子丈夫還有孩子，都是自己人。跟老公拿錢，他不會要妳哪天還錢；孩子用你的吃你的，你不會和他記帳，哪天要回來。

家庭裡最重要的兩件事

以效率學定律來說，有兩件事在家庭裡特別重要，因為這是在其他領域難以取代的。

1. 照顧好家庭效率的兩項基本──教養與感情

在幸福效率學的領域裡，教養非常重要。因為，一個健全的心理，影響到的是一生。而這樣的影響力，除了家庭外，其他力量很難做到好。

一個孩子的教育，有三大周期。越到後面，孩子會越冥頑不靈，難以管教，若過了三大周期，就算父母花九牛二虎之力，也難以矯正孩子偏差的心態。

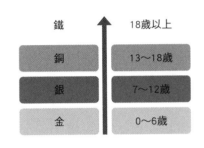

一個孩子的教養，黃金時期是在０～６歲的時候，在這個時間點，你可以教導基本的人生觀念，培養正確健康的人生態度，以及建立內心的安全感。

其中包含三大層面，缺一不可。

（1）心靈面

從小要能夠建立他的安全感，知道父母能夠陪伴你。小時候缺乏關愛的孩子，長大後，常會產生內心的陰影，其後遺症將影響一輩子。

那些當孩子小的時候，以工作太忙等理由，不能經常

陪伴孩子的父母，帶給孩子的傷害是很大的，會讓他們終生沒安全感。

（2）觀念面

善與惡，是難以界定的，卻會影響一個人一生。

而包括善與惡、開闊胸襟還是懷疑態度、是喜歡助人還是總是獨善其身，這些觀念，都是小時候受影響最大。雖然當一個孩子成長後，在學校以及在社會上，都可能碰到其他重大的影響力，而改變他們的人生。但若能在小時候建立正確觀念的孩子，將來就算在校園碰到邪惡的誘惑，也比較能夠不為所動，走出自己的路。

（3）知識面

人類的成長，是全身各個器官會不斷老化的，包括我們的大腦。一個人的腦力，在二十多歲達到顛峰，三十多歲後就逐步退化。一生中學習力最強的時候，就是在年紀小的時候。同樣是學語文，一個小孩子可以幾天內就融入一個語言，一個中年人卻可能怎麼學都無法精進。

因此，一個孩子在幼年的時候，特別是還未上幼稚園，從丫丫學語到開始跑跑跳跳的那個階段，是一個對人生充

滿好奇，什麼都想學，學到就扎根在內心的階段，這個階段，父母灌輸的正確知識，會根深柢固的生長在他們內心。若這些知識是正確、正向的，就會陪伴他們一生。到了他們年老，什麼都忘得差不多了，那些幼年的記憶還是不會忘卻。

教養要掌握金銀銅三個階段

不是有句話叫「恨鐵不成鋼」嗎？在家庭教養裡，這是很貼切的。如同前面的圖示，一個小孩的成長就像個綠色的樹苗。從零歲開始成長，經歷了三個關鍵的發展階段。分別是 0 ～ 6 歲的金，7 ～ 12 歲的銀，以及 13 ～ 18 歲的銅。如果這三個階段父母缺席，那麼孩子的成長就靠運氣了。

為什麼說靠運氣？的確，有的孤兒或者單親家庭，孩子長大後還是可以成為有益社會的成功人士，重點在於他們成長時代，遇見好的老師、好的朋友，或者是即使是單親家庭的狀況，他的父親或母親，再忙也用心教導他等等。

但若「運氣不好」，並且很遺憾的，這種情況會比「運

氣好」還常見。那麼這個孩子就會腳步走岔，不是步入不歸路，就是過著自卑幽暗的人生。

翻遍所有的名人勵志傳記，你會發現這件事沒有例外，成長時代，一定是遇到良師益友，一個缺乏足夠家庭教養的孩子，才有可能走出一條成功之路。

你要讓你的孩子，在成長時代「靠運氣」嗎？這是做為父母，嚴重的失職。

越早教養，效率越好，越晚則影響力成倍數遞減。好

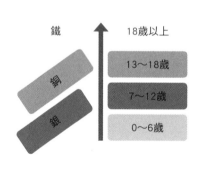

比說，在「金」的時代，教養的影響力是百倍；到了「銀」時代，教養的影響力可能就只有十倍；到了「銅」時代，教養的影響力是數倍；過了「銅」時代，那就真的「恨鐵不成鋼」了。

一個在孩子「金」時代，疏於教養，後來反省自己，回歸來教育孩子，還是來得及，只不過如同上圖，那已經比較辛苦了。

感情維護的學問

　　另一件很重要的事，就是感情的維護。包括已婚者，夫妻間的關係；未婚者，和另一半伴侶間的關係。甚至包括求偶者，如何追求另一半，其中的學問都是感情的學問。

　　說來矛盾，如果說人們不懂如何維護感情的話，為何每個男生女生，在戀愛時代，都那麼「有效率」？他們可以「用心」去思考，他的女朋友會喜歡什麼？為了買到她心愛的零嘴，他願意排一個小時的隊，去馬卡龍名店買一盒她最愛吃的美味；為了見她一面，不論女生宿舍圍牆多高，他就是有辦法攀到她的窗台邊，只為送她一朵玫瑰，然後兩人可以言不及義的聊天聊一個晚上。

　　當時，為了她，一個男子可以突然開竅般，變得思慮清明，想出無數的好點子；性格變得完美，既有耐心，又充滿愛心。如果在戰場上，每個士兵都能像在戀愛時代，那麼充滿熱情活力積極勇氣智慧，敵人一定會放棄打戰。因為穩輸不贏。

　　所以人們不是不會，只是不為而已。所謂追不到的女人最美，但如果人生永遠在追，追到後又不懂珍惜，以效

率學來說，是一次又一次的浪費。

　　在家庭裡，若我們不懂得珍惜另一半，只因為「已經到手，不會跑掉」，那你就是在測試人性。事實證明，你不付出愛，那已經到手的還是會跑掉，而且一旦跑掉，你就後悔莫及了。

2. 規畫好家庭最重要的兩項資源──金錢和時間

　　把家庭當成自己的延伸，如同我們關愛自己，我們也關愛家人。在生活的應用上，也如同我們會善用自己的資源，我們把家庭當成自己的延伸，也要善用家庭的資源。

　　一個家庭最重要的兩個資源：一是金錢；二是時間。兩者都牽涉到分配的問題。

　　金錢的分配非常重要。有句話說：「貧賤夫妻百事哀。」金錢問題沒處理好，是許多家庭發生紛爭的主因。這和收入多寡有關，但也不是百分百相關。

　　一個家庭因為收入不夠，大家過得苦哈哈，很可能造成夫妻仳離。但也多的是家庭收入很高，但夫妻還是為錢反目，重點不在金額多少，而在如何分配。

在家庭效率學裡，最重要的理財觀念，就是量入為出。入，就是看自己收入多少；出，就是家庭每月的花費。有時候，家庭的收入豐厚，但花錢還是要量入為出，因為，

第一，就算錢再多，也要節制需求。

大部分的需求都是沒必要的，是商人為了賺錢創造出來的。

把焦點放在沒必要的需求，浪費錢還是其次，最主要是浪費時間。好比說，買了穿不到的衣服、用不到的電器，不但花錢，還要浪費時間去整理收藏，占了空間，根本用沒幾次，多年後還得丟掉。

第二，基於教養的理由，一個家庭也不該亂花錢。

特別是家裡有孩子的時候，孩子是沒有金錢觀念的，一個太寵孩子的爸媽，小孩子想要什麼就立刻買給他，久而久之，孩子以為「想要什麼就有什麼」是「理所當然」的。這種錯誤的觀念，會影響他們的一生。

相反的，若從小就學會思考如何用錢，那麼長大後也會是理財高手。

懂得分辨「需要」和「想要」

有關金錢的教育，我這裡試舉幾個例子。

例如，我們要孩子考試成績進步，再買他喜歡的玩具給他。讓他了解，要有收穫，就要先付出。經過努力得來的果實，他才懂得珍惜。

很重要的一點，就是答應孩子的事，一定要做到。不要說，孩子真的考試成績滿分了，父母又說下次再說。若為了省錢而失去信用，那是難以彌補的。

例如，若孩子吵著要一個東西，我會讓孩子靜下來思考，請他們想想，為何要那個東西。我不會強制以父權母威，命令式語氣要她不准買，這樣她只會心不甘情不願，認為父母對她不好。相反的，我會反過來，請他來下命令，但也請她說明為何下這個命令。

孩子說：「我要買新手機。」

我問：「你為何要買新手機？你不是已經有了嗎？這樣好了，你只要可以說服我，你要手機的真正理由，我就買給你好不好？」

於是，孩子會真的去思考。

有的孩子很聰明，會說：「因為我怕爸媽擔心，我若在學校時爸媽看不到我，會需要用手機聯絡我啊！」

這是個好理由（雖然是藉口，他真正的理由是想要耍酷耍炫）。

這時我會反問她：「舊的手機一樣可以聯絡到你啊！」

有的時候，孩子自己想一想，就會知道，他其實不是那麼需要新手機。他想買新手機，只是因為「別的同學有買」。進一步溝通，他就會理解，為何一定要跟別人一樣，為何我要受他人影響……等等。一環一環下來，孩子也就學會了思考。

然而，在整體家庭理財中，最需要思考的還是大人。在我們家，這已經養成一個習慣。

人難免會有熱情過頭，也就是衝動的時候。特別是在行銷手法無孔不入，天天都有商業廣告刺激的情況下，人們很容易就被一時的欲望沖昏頭。對於一個自我克制力較差的人，看到一個新商品就會很想買；看到一個美美的廣告，就想要化身為廣告中人。從來不會去想，那個廣告模特兒的身材那麼纖細，她穿那件迷你裙很性感，但若穿在

自己身上「視覺效果」也會一樣嗎？

如何避免衝動消費，養成家庭量入為出的好習慣，我建議讀者遵循三大購物步驟：

步驟 1. 建立欲望清單

當內心有個渴望，我們強迫壓下來，這樣是不健康的。但若什麼事，都被內心欲望牽動，那賺再多的錢也會被花完。建立清單，有以下的效益：

1. 在建立清單的時候，想像自己已經擁有，這個動作可以暫時化解自己的內心欲望。

2. 因為已經記錄清單，就可以不那麼「牽掛」。

3. 結果會發現，一張清單放在身邊，隔了一陣子再看，當時的衝動已經消失了。原來只是一時受廣告誘惑，現在，已經沒那麼想買了。

透過這個清單，有 70% 以上的東西，事後再看已經沒那個需求了。

我們家人都養成隨身攜帶筆記本或便條記事本的習慣，一受到誘惑，就立刻記進去，當下化解消費衝動。

步驟 2. 比價

建立欲望清單後，隔了一兩週，內心還是很想要這個東西，下一步就是比價了。比價有兩個意義，第一，是為後續的聰明消費作準備；第二，是作為一種延遲消費的效果。

好比說，我想買一台 iPad，我平常就有關注幾個比價網，以及消費者意見網，在過程中，我一方面查詢價格，一方面也多看看其他消費者的意見。往往在過程中，會聽到很多負面聲音，說這個產品其實不好用，其實沒有比原本的平板好……等等的意見。

意見看多了會讓自己更清醒，知曉自己其實沒那麼想要這個產品。在延遲消費的過程中，最後決定不消費。

步驟 3. 聰明購物

如果經過以上兩個步驟，你還是決定要買，那就證明，你是有需求而不只是想要而已。

那麼就進入聰明購物階段了。所謂聰明購物，就是用最便宜、最方便的方式，買到最好的東西。

聰明購物，不是一蹴可幾，要靠平常建立的情報網。

喜歡 3C 的人，一定有建立自己隨時可上網的３Ｃ購物平台；喜歡買衣服的人，心中也一定有個便宜實惠的通路。透過這些平台通路，你可以聰明消費。

如果你要買的東西，是以前較少接觸的品項，藉由這次消費，也可以建立新的知識平台。凡走過必留下痕跡。聰明消費的方法，就是既買到好東西，又留下好的經驗，供下次參考。

家庭理財，還有一個重要的功能，那就是夫妻溝通。消費的時候，也是夫妻倆溝通觀念、增進感情的時候。

很多事都需要共識。以我來說，我們家不買房子，不是因為沒有錢，而是因為沒有必要。

我們精算過，買房子要負擔一輩子的房貸。但現在買屋動輒幾千萬，若以租屋來看，同樣的錢可以租到更好、更大的房子，而且若住不滿意，還可以隨時搬家。以房子每月租金兩萬多來說，一年也不到三十萬，十年不到三百萬，二十年不到六百萬。把原本繳房貸的錢，拿來買讓生活更舒適的家具，讓孩子有更好的教育，以及假日陪家人

旅行或吃好料的，這遠比讓全家被貸款綁住要好得多。

如果不買車也很棒，因為車子的基本費用幾十萬甚至上百萬，每個月加上保養、停車費、燃料稅等等開支，一年要多花至少十萬以上。我們就算每天搭計程車，一年也花不到十萬。何況，開車還要擔心停車問題、車子被破壞問題，乃至於發生車禍還有賠償問題等等。多數人買車，實用不是第一原因，想要顯露身分才是主因，真正以財務角度來看，買車真的不必要。

這只是我們夫妻在討論財富時的思維，我沒有要求讀者也要這樣作。

但，家人經常性的溝通，是幸福效率學必要的一環。

第六章 重點復習 ✏️

一個人家的範圍越大,生活效率也越高。

當一段感情,變成以利益為導向的時候,也就是感情關係衰亡的時候。

建立感情力量的三步驟

1. 充實自己 2. 善待別人 3. 領導統御

一般人,會不珍惜手中幸福的珍寶,主要可能有三

1. 太容易得到,反倒不會珍惜
2. 以為時間很多,可以將家庭擺在最後順位
3. 貪心不厭足,要得太多

最大的效率源,若不好好珍惜,就會反過來,變成最大的破壞效率源。

家庭效率的兩件基本就是教養與感情。

教養要掌握金銀銅三個階段。

家庭的學問,就是作好金錢和時間規畫。

購物三部曲

1. 建立清單 2. 比價 3. 聰明消費

效率人生，
圓一個幸福的圓

效率、效率。

如果人人都可以永生不死，那這世界也許就不需要效率了。因為永遠都有「下一個明天」可以把事情做完。

然而，人類面臨兩個問題。**不只是人壽有限，並且是人的健康有限。**

前者，是指以現代醫學科技，人類的平均壽命還是頂多只有八十幾歲。後者，則更是現實。即便是日常生活很懂得保養，一個人可以行住坐臥跑跳自如的年紀，仍非常有限。一般來說，大部分的人到六十多歲時，生活機能已經大幅退化，許多人連走路都有困難。

所以真正的「效率人生」，似乎只能到六十歲。過了六十歲，腦力體力都退化，如果已經退休，那麼連財力也退化。

這是個看來很不樂觀的人生願景。但，其實，如果善於過效率的人生，即便是六十歲、七十歲，還是可以很樂活，過幸福效率人生。

第1節 未雨綢繆，創造未來幸福

秋收冬藏，是自古以來人類文明累積的智慧。從前農業時代，農夫辛勤工作，但因應四時的變化，春秋是種植的旺季，要趕緊插秧播種，到了秋天收穫後，在沒有生產力的冬天，就可以好好過冬了。

時至現代，人們早已不用秋收冬藏，一年四季衣食無缺，但秋收冬藏的觀念還是適用的，因為這是一種讓文明進展的人類智慧。

人的一生，正需要倚仗秋收冬藏的觀念。秋收冬藏的兩大重點是：

1. 種作物要當季、作事情也要當令

以人的一生來看，春天約當於二十歲前青少年；夏天就是二十到四十歲的青壯年；秋天就是四十到六十的中年人；冬天就是六十過後的退休生活。

作物要當季，因為那是大自然的法則。這樣的法則也適用在人類，只不過許多人會說：「七十歲還是一尾活龍」、「年輕人會做的事，樣樣都難不倒我」。

人活著需要志氣，但再怎麼說，這些都只是不服老。一個人若心存不服，那活著也就是痛苦。人到老還要與大自然韻律相爭，委實太過不堪。

遵循生命的自然法則，我們作人還是要當令。

春天有春天適合的農作。那以人生來說，有什麼是適合在秋天，也就是六十歲以前就做好的呢？

有四件事，若每個階段都沒做好，後面會很辛苦。

1. 財務

不可否認，雖然談錢很現實。但這件事是四件事裡面最重要的。

你是否想過，當有一天你退休，你要過怎樣的生活？或者更實際點的問法，你有「辦法」過怎樣的生活？

第一個問題，是想法、是希望＝ A

第二個問題，是真實、是能力＝ B

以秋收冬藏的角度來說，人到退休就是個計算題，　其

公式就是：

A － B ＝到退休前要努力的目標

這個目標不是單指金錢，也包括健康。但以現實面來說，金錢在這個階段，特別重要。有句話說：「有錢什麼都能，沒錢就萬萬不能。」當你年老，卻「萬萬不能」那是多悲哀的事啊！

以公式計算未來：

A ＝未來想要的生活方式

　＝日常生活需求＋特殊需求

　＝食衣住行育樂＋醫病需求＋閒雲野鶴夢想需求

　＝每日XXX元＋每月XXX元＋每年xxx元

假定六十歲退休，以平均年齡八十歲來計算，那A的數值就等於：

（（每日XXX元×365）＋（每月XXX元×12）＋每年XXX元）×20年

每個人的A值不同，讀者可自行試算。

現在再來計算B值。理想的情況，是你的B值遠大於A值。例如有人四十歲前就已經是億萬富翁，那他一定不

用擔心 A 值（如果一個人到四十歲時只是個千萬富翁，那他還是得擔心退休不夠用）。或者，有人在四十歲時，已經建立了一個模式，保證在年老時，可以支應 A 值，那他也可以高枕無憂。

保證在年老時，可以支應 A 值最常見的模式有以下三種：

a. 高額保險

要因應退休生活，那麼保額要相當高。如果以每個月收入要五萬過活，那麼保險規畫額度要夠，在未退休前每個月都要存至少一萬元。

b. 長期發展的事業以及股份

如果在中壯年時候，能夠成功建立一套系統，開立一家可以長期經營的企業，當你退休後，還有子孫可以承接，或者不是由子孫承接，至少你擁有公司一定股份，那也可以比較安心退休。

c. 定存或信託計畫

以一般非富人的保守方式，就是強迫儲蓄。若要退休前過好日子，就要趁年輕，每月固定存一筆金額。若選對

投資標的，假定是投報率 8%，那從二十歲開始每月存一萬元，一直到六十歲，收益可以有好幾千萬，足夠生活。

重點就在於，要能善於使用投資工具，若選錯投資工具，不但血本無歸，可能不用到退休你就捉襟見肘了。

因此，保守的方式，至少有一部分的錢是用在定存，雖然利率不高，至少錢不會跑掉。也許遇上通膨，增資金額不大，但光用本金，每月一萬存個四十年，也有約五百萬。加上退休金或勞保給付，每月還可以過日子。

回歸到秋收冬藏，我們人生活力最旺盛的年紀在四十歲前，到了秋天也就是五、六十歲時，經驗豐富，也可以有一番作為。

當我們計算 B － A ＝一筆大金額的缺口的話，那麼就要趁年輕的時候，趕快想法補這些缺口。

以效率學的觀點：

春天的時候，頭腦最清楚，要把力量放在學習。

（學知識、學技能、學理財觀點）

夏天的時候，經歷最旺盛，要把力量放在創業。

（如同前面第 3、4 節介紹的，要有錢，一定要創業或者做業務）

秋天的時候，經驗最充足，要把力量放在厚植資本。

（厚植存款、厚植人脈、厚植事業）

如果能做到以上三個當令，那麼冬天的時候，就不用擔心了。

2. 傳承

人需要傳承。傳承什麼呢？有三大傳承：

a. 傳承血脈

對於不婚族，或者是沒有子嗣的家庭，也不要因此氣餒遺憾，傳宗接代是生命的本質。但人除了生物性的功能外，還有更多文化面、信仰面的願景，這也是人類生為萬物之靈的原因。

但純以生物性的傳宗接代來說。這是人類夏天的使命。（有些人春天就生育，那太早熟，往往帶來經濟壓力的負面效果。有些人秋天才生育，熟齡產子危險性太高，並不推薦。）

b. 傳承名聲

流芳百世，是人類的願望之一。畢竟，即便科學昌明，人類還是無法知曉人有沒有靈魂、有沒有來生這樣的事。

為了追求另一種永恆，那就留下名聲吧！

事實證明，名聲是可以流傳久遠的，包括王永慶、賈伯斯等大企業家，即便死後，仍名聲響亮。而名聲的流傳，靠的主要是功績，包括創立大事業、發明影響人類的產品，成為有做為的大政治人物等。

或許，有許多大企業家、大政治人物都是年過六十，就算七十幾歲的也所在多有。但無論何者，一定都是從年輕時代就已打下基礎。

一個人如果想要留下名聲。還是要趁人生的春天夏天，努力耕耘吧！

c. 傳承智慧

如果說傳承血脈是生命的定律，傳承名聲是人類的願望，那麼，傳承智慧就是人類的責任了。傳承智慧包含很多種形式，不是只有當老師才能傳承智慧，一個人只要生命有了歷練，就一定要傳承智慧。

最起碼的傳承，就是教養好自己的子女。一般社會的傳承，包括以主管身分教育新進員工，還有以長輩身分，和晚輩分享人生經驗等等。分享方式可以是言教、身教，

還可以是出書、演講等。

　　一個人到老最可悲的一件事，就是沒人想要知道你傳承的智慧，那比窮困潦倒，還更要悲哀。

3. 事業

　　人人都該創業。這是我寫這本幸福效率學推出的結論。因為，以財富來說，如果不靠創業，要成為富翁很難，若不能在財富上有所成績，那幸福效率學就不圓滿。

　　但我在此指的事業，包含兩種：一種是傳統的事業；一種是志業。

　　事業就是你將生活經驗及專長，以企業形式經營。這是最符合效率學的，因為依照上班族的模式，一個人再有才華、再有能力，也只能領到固定的收入，這不符合效益原則。

　　至於志業，範圍就比較廣了。通常來說，志業和賺錢比較不相關，和留下名聲比較相關。志業包含各種領域，如志工服務、如加入宗教信仰、如實現一個夢想等，我們在下一節，會專文介紹。

但不論是哪種事業或志業。沒有一種不是要在人生春夏時期就打基礎的。有少數的案例，是六十歲以後才創業成功（例如肯德基企業），有更多案例，是人過六十才投入的活動，如參加慈濟或加入環保志工。但以效率學來說，還是在人生當令時投入耕耘，影響最大。

4. 心靈

在四個需要在年輕或中壯年就該培養耕耘的項目中，本項是最被忽略的。

有太多人誤以為，所謂心靈就是投入宗教，但那只是部分的思維。事實上，許多人到了年紀大時，變成虔誠的信徒、或者開始勤念經修行，但心態上，比較像是遇上船難，趕快找個救生艇躲進去，不是說他們信仰不夠，而是，若能從年輕時候就累積基礎，那麼要領悟佛法或各種宗教，會有更深的體悟。

老年人的自殺率很高，另外，碰到突發事件時老人也比較容易喪命。包括喪偶後，另一半經常發生過沒幾個月也跟著往生的情況；還有許多職場人，退休前身體本來還

好，但一退休，生活失去重心，結果什麼毛病都來了。

現代人的一大缺點是，年輕時，太把心思用在工作賺錢上，許多人一畢業後就不再看書，也不再成長。都以為「等退休後」就會有時間看書學習，殊不知，學習是需要累積習慣的，年輕時代沒養成學習自修的習慣，到老來突然要學習，是很難的。

趁著生命的當令時期，應該學習經驗的事很多，包括閱讀、包括旅行、包括思考、包括為人生培養各種興趣，不論下棋、研究歷史、園藝都好。

當你的身體退休、當你的事業退休，唯有你從年輕時代就培養起的興趣嗜好，可以陪你到年老。

2. 努力和積累可以得到豐厚報償

「少小不努力，老大徒傷悲。」這是人人耳熟能詳的一句話，卻也是一代又一代，世人可見悲劇的寫照。

我觀察現代人，其實人們不是不努力，只是努力的方向不對。

一個不注重幸福效率學的人，退休生活很難快樂。

經常發生的錯誤，明明努力了，卻不能有成，是因為：

1. 努力的模式錯了

這是最常見的錯誤。

我看見許多人辛苦一輩子，但因為模式錯了，退休孤苦無依；有的人，把一生都投注在上班族制度上，結果碰到公司不景氣，未到退休年紀就被裁員；有的人，辛苦賺了一些錢，拿去投資創業，卻血本無歸。

這樣說來，好像上班族不好，但創業也不好。

其實，關鍵還是在第三章所說的，要懂得建立事業模式，從勞力為主升級到以人為主，再升級到以系統為主。

2. 分配的方法錯了

這是更常見的一種錯誤。

許多人分配了太多時間給工作，太少時間給家人。結果，以工作來說，工作一輩子，存的錢有限，多數都應酬喝酒花掉了，但在家庭領域，卻只得到一個破碎的家庭。這樣的人生，會有個悲涼的老年。

3. 碰到前功盡棄的事

這樣的故事聽到很多。存了一輩子的錢，一夕間被騙光了，或者工作一輩子正想要享福，卻忽然發現得了絕症，所有的錢都只能用在讓自己住院。

這是很悲傷的事，有的人說這一切都怪命運，被騙是命運，得絕症也是命運。其實，很多事是命運。但有大部分所謂命運，其實是有七、八分，或五分的機率可以靠人力事先挽回的。

有些事的確是完全無法預料的命運打擊。但諸如被騙錢，還有身體健康等，其實只要年輕時代，累積足夠的知識經驗常識，被騙的機率就大減；年輕時代就注重身體健康，飲食均衡、工作不要過勞、經常運動等，不能說一定不生病，但生病的機率肯定大大降低。

以效率學來說，每個人的時間都是有限的，要掌握時間，反過來應用時間，只有兩種方式：就是運用時間的累積效應，以及時間的發酵效應。

時間很現實，一分一秒過去，不留情。但時間因此也就真實，你這分鐘存下的努力，再下一分鐘就持續累積，

逐步積累後就擁有豐碩成果。更棒的是，時間還有發酵效應，名聲會發酵、金錢也會發酵、人生經驗更會發酵。

我很喜歡古人的一段智慧言語：**「見山是山，見山不是山，見山又是山。」**

當到了退休年紀時，最快樂的境界，就是見山又是山了。然而，能夠體悟見山又是山境界的人並不多。因為年輕時候不努力，生命層次還是停留在最原始的見山是山的境界，怎麼可能到晚年可以突然感受見山「又」是山呢？

第**2**節 退休的生命規畫

　　什麼是幸福效率學？以個人來說，就是讓自己在有限的人生裡，在包含事業、家庭、公益等各個領域所組成的九宮格，追求一個均衡的極致和快樂。

　　但個人幸福的極致，並不是幸福效率學的最高境界。個人幸福效率學的極致，一定要擴展影響到更多的人，這才是真正的「效率」。

 ## 效率是，一個人可以影響更多人

　　一個人怎樣影響更多的人呢？

　　a. 靠的是繼續不斷付出：在年輕時代，以自己的專業服務許多人，到退休了，仍然可以當志工服務許多人。

　　b. 靠的是經驗及智慧傳承：例如教授、學者；有智慧的老人。

　　c. 靠的是事業系統：一家企業可以養活許多個家庭，

一個集團式的企業可以養活成百上千的家庭。

　　d. 靠的是創造發明：發明一個新產品改善人類的生活；改革一個舊產品使有新用途，也是一樣。

　　e. 靠的是歷史功業：例如國父孫中山先生，革命成功，就影響了很多人。

效率是，一個人可以影響更長久

　　a. 透過良好教養：影響你的子子孫孫。有的家族有家訓，影響年代更是久遠。

　　b. 透過建立制度：影響許多世代的人。包含台塑、長榮等事業集團，都有建立一套長遠制度，就算創辦人更替，企業經營也得以持續下去。

　　c. 透過樹立典範：一個老師可以作育英才，桃李滿天下。但一個樹立典範的人，影響更深更遠。一個言行成為典範的人，世世代代的父母都會告訴孩子，你要像他一樣。一個典範透過史書，更可以影響超過千年，這真是效率的最高極致。

　　d. 金錢影響力：談錢似乎太俗氣，但不可否認，金錢很有影響力，並且時間久遠。當世最偉大的人之一，微軟

的比爾蓋茲，他不但創造了微軟企業，改變了全世界的生活型態，在公益活動領域，他也貢獻不遺餘力。他活著的時候就不斷投入慈善事業，還宣布死後要將資產 90% 全部捐出。那相當於數百億美金的金錢，將以基金會形式，持續嘉惠後世的人。

　　台灣有許多富翁，財力可能遠遠不能和比爾蓋茲相比，但透過成立基金會、成立獎助學金，即便他們過世後，這些基金仍不斷運作，幫助一代又一代的人。

投入志工行列

　　追求效率人生，是我們每個人的一大願景。我們也許無法像那些大富豪，大企業家，打造超級龐大的影響力。但我們還是可以盡一己之力。讓自己的退休，能繼續幫助別人。

　　最可以讓幸福效率學，繼續運作的一件事就是做志工。

　　並且，**志工不是只有退休時可以做，人人都可以在年輕時候試著做志工。**

　　志工有分很多種類。但基本上，可以分成兩大類，一種是時間比較彈性，可部分參與者；一種是需要長時間投入的志工。

以後者來說，現在有很多志工的選擇。而因為教育以及工作時間的關係，很多志工不適合短期的形式。若一個志工，只是隨性的今天高興去就去，明天不想去就不去，那就變成幫不上什麼忙，反倒成為執行單位的困擾。

但對於退休的人來說，就可以專心投入「被教育」，因為許多志工工作都需要先上課，對整套制度有深入了解才可以擔任。志工雖是無酬勞的服務，但也不能隨便做做，有的志工屬於專業性質，例如在美術館擔任導覽志工，所謂導覽，就是要真正為民眾做介紹，這不能不專業；再例如服務疾病老人的志工，也要有一定的培訓專業，和耐心。

再者，許多志工的工作有連續性，要做就要做一段時間，如果今天做個幾小時，明天就不來了，那就不適合當志工。

我非常建議退休者投入志工行列，有以下兩種原因：

1. 基於效率原則

一個人活了精采的前半生，有轟轟烈烈的經驗和滿腹的學問，退休後卻只是閒雲野鶴，委實太可惜了。

做志工正是一種絕對的效率展現，讓你的經驗、智慧繼續發揮效果，透過志工服務繼續幫助世人。

2. 基於利己原則

當志工可以幫助許多人，但其實幫助最多的人是自己，這裡不是指當志工留下好名聲，其實，大部分的志工都是辛辛苦苦服務，沒有留下任何名字，所謂志工服務，就是不求報酬也不求名聲。

志工服務幫助最多的是自己，是因為當志工，可以讓自己有成就感，生活有新的意義，並且勞動身體有益健康。整體來說，做志工的人，身體更好，心靈更愉快，人也活得更長壽。所以：**志工幫助很多人，但幫助最多的是自己。**

對於年紀比較輕就退休，或者尚未退休邊工作邊做志工的人，有什麼選擇呢？可以依以下三種標準來選擇：

1. 依時間模式選擇

所謂依時間，就是該志工服務，有指定可以圈選的服務時間。（請注意，一旦圈選就要依約報到，否則會造成對方困擾。）例如：有些志工可以排定在假日服務，像動物園的志工，就有假日服務的名額；有些志工，還可以安排晚上時段，像是圖書館有晚班協助整理圖書的志工。

2. 依場域模式選擇

場域的選擇，也是對有心做志工的人來說，很重要的

判斷依據。志工的場域有兩種極端，最遠的極端，就是這項志工服務地點不定，需要全省到處跑。例如有些宗教志工，就是要全省巡迴幫助人，參加這種志工的人，要真的有充分的時間自由，所以這種不適合還在工作的人。但另一種極端就很適合，那就是在家裡就可以做志工，例如代養導盲犬。

大部分的志工場域，是介於這兩者之間。也就是要到一個指定場地工作，比如去圖書館、去老人安養院等等。

3. 依專長選擇

志工服務，若能選擇和自己專長相關的，可以讓自己的專業更有發揮。不分年紀，都可以善用這種優勢。好比說，一個大企業家老闆，退休後想繼續拿出他的智慧貢獻社會，他最大的專長就是企業經營，那麼他可以開設一個青年創業輔導班，免費義務教學，這也算是另一種志工。其他經常可見的，如邊工作邊做志工服務的，像醫生，假日可去義診；律師，也可以選擇為弱勢者免費服務。

以我自己為例，我現在四十歲，因為年輕時理財成功並善用幸福效率學，所以我已經有足夠的財富，生活也呈現半退休狀態。但我還有事業在經營，另一方面，就花很

多時間投入志工。我的經驗也可以簡單的和大家分享。

最早時候，我投入的是張老師領域。也許很多人不知道，張老師專線為許多苦惱的民眾排解心中煩惱。但其實接電話的人全部都是志工，至於專業的心理師，則在所有志工後面擔任指導的角色。

要擔任「張老師專線」接線的工作，需要經過很嚴格的過程。那過程真的很嚴厲，考驗你當志工的決心。也唯有通過考驗，懂得以同理心幫助人，學會如何從心著手，通過至少三次筆試還有最後口試的人，才能夠勝任這個工作。

一般來說，每兩百個參與志工考試的人，每經過一次考試，就刷掉將近一半的人。到最後通過口試，可能只剩下二十幾個，也就是只有十分之一的機率。唯有經過這麼嚴格的挑選，才能夠讓服務更切合心理有困擾者的需求。

我當初想擔任張老師志工，一方面想幫助別人，一方面也是因為想將這裡的學習，應用在自己家庭的教養上。

某方面來說，這也是一種效率學。我既幫助人，又幫助自己。

後來因為我第二個小孩出世，我要花更多心思照顧兩

個小孩。如同我說過的，孩子的教養有金銀銅三個階段，我要在他們0～6歲的階段就做好教育。一方面我還有自己的事業，一方面要多照顧孩子，所以這段時間我和張老師請假。但我還是繼續做志工。我選擇的形式，就是前面說過的，可以在家照養導盲犬的形式。

要成為導盲犬寄養家庭的志工，也是需要嚴格條件審核的。最起碼的條件，就是家中隨時都有人能照顧導盲犬，另外，家中三歲以下的小孩不能超過兩個。此外，還要經過試養，通過考核才能成為導盲犬寄養家庭。

導盲犬本身的挑選也是很嚴格的，一隻幼犬，在兩歲前都要放在寄養家庭，但還是會有基本的培訓。真正的培訓要到兩歲以後，那時候再經過嚴格的挑選，每隻狗都有不同的個性，只有少數能夠正式成為導盲犬。

有關導盲犬的知識很多。**這也是做志工的一個效率學，那就是既可以幫助人，又可以學到新的知識。**

而我選擇在家養導盲犬，又符合四個層面的效率學。

我既做到志工服務、學到新知，又可以陪著家人，同時又教育我的孩子，如何正確與毛小孩相處，如何從小做服務。一舉數得，正是幸福效率學的精義。

第七章 重點復習 ✏️

未雨綢繆、創造未來幸福的方法

1. 種作物要當季、作事情也要當令
2. 努力和積累越久，就可以得到未來豐厚報償

在退休階段應該累積的四大領域

1. 財務
2. 傳承
3. 事業
4. 心靈

明明努力了，卻不能有成的三大因素

1. 努力的模式錯了
2. 分配的方法錯了
3. 碰到前功盡棄的事

個人幸福效率學的極致，一定要擴展影響到更多的人，這才是真正的「效率」，其方法是

1. 效率是，一個人可以影響更多人
2. 效率是，一個人可以影響更長久

如何建立長遠影響力

a. 透過良好教養
b. 透過建立制度
c. 透過樹立典範
d. 金錢影響力

天人合一，
造福世人

效率人生，幸福人生。有時候人們會覺得，這似乎是兩碼子事。

這是因為長期以來「效率」這兩個字給人的誤解，一直是將「效率」等同於「商場上的效率」，等同於「工業化」的效率，乃至於「軍事管理」的效率。事實上，「效率」這兩個字也的確產生自西方，延伸自經濟學的術語，然後從經濟面、管理面，拓展到人生的各層面。但基本用義還是一樣，就是指「將有限的資源，做最有效的應用，以滿足願望和需要。」

只不過，「效率人生」會給人們的一種誤解，就是和「速度」、「績效」、「管理」有關，是一種「結果論」導向，完全和「幸福人生」給人的「幸福」、「關懷」、「和諧」以及「快樂」等，是不同領域的概念。長期以來，在書市上的分類也都是如此。

看了本書後，相信讀者，可以用另一種思維來看待人生，知曉幸福效率學，指的是我們可以在人生有限的光陰裡，以最圓滿的方式，達成包含事業、理財、家庭、教育等各領域的極致，在一種平衡中，建立快樂美滿的生活。

幸福效率學，結果是快樂的，但過程也一定是快樂的，因為效率學，其實契合中國最古老的智慧，包含老子思想、易經思想。

中國古哲們，雖然那時代沒有效率這個詞，但其實，老子的「道生一，一生二，二生三、三生萬物」就已包含了幸福效率學的根本。

本章，帶領讀者從人生打拚階段逐步來到退休以及社會服務階段，一方面，講述當你進入人生下半場時，如何體現效率學；一方面也對整個幸福效率學做個統整。

第 1 節

展演一個美好的
太極人生

　　走過長長的一生，如果如今你已經是個六十歲的長者，也許你想過的生活是兒孫滿堂，你邊弄草蒔花邊含貽弄孫，坐養天年，過著閒適的家居退休生活；也許你仍是個戰場尖兵，仍壯志不減，雄心勃勃，畢竟現代人健康條件較好，在政壇上六十歲甚至還算年輕。在商場上，更是六、七十歲的企業集團董事長比比皆是。

　　當然，若懂得善用效率理財，也許年紀輕輕四十幾歲就可以「退休」，進入所謂人生的下半場。基本上，現代人的生活已打破「年紀的藩籬」，古人的秩序觀，必須因應時代變遷而打破。《論語》所說：「吾十有五而志於學，三十而立，四十而不惑，五十而知天命，六十而耳順，七十而從心所欲，不踰矩。」現代人的情況，三十幾歲還在念書求學位的有之，三十多歲仍未結婚的滿街都是，生活價觀不同，舊有年齡的框架也失去意義，但有一點共通

的道理，那就是：

人生是逐步的成長，從少到老不斷追求新的境界。

有沒有什麼是人生的終極境界呢？

人生追求的境界，也就是幸福效率人生的境界，就是無為而治的太極人生境界。

我們已經知道，太極相應於人生，就是「變」與「不變」的交互循環。介紹完人生不同領域包含事業、理財、家庭等等的效率，我們再把這太極的人生觀，和幸福人生九宮格結合。

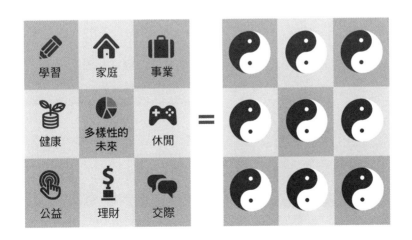

老子說：「道生一，一生二，二生三，三生萬物。」**人生不只是一個太極，人生每個環節各都是一個太極。**

以整合觀念來看，人生太極觀，有對內對外兩大面向，不僅主宰著我們人生，也影響整個社會，以及整個文明。

太極是對內的生生不息

在科學的概念裡，每個人的細胞可以再細分成分子，分子又分成原子，原子還可以往下繼續細分。感覺上是無窮無盡的，像是一沙一世界，一滴水裡也有大千世界。我們的太極人生也是這樣的概念。

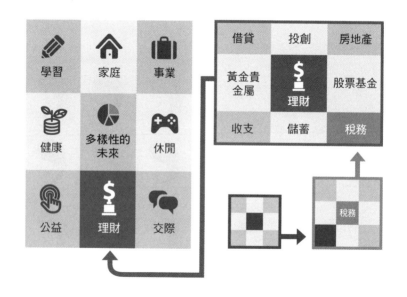

幸福人生是一個九宮格，但幸福人生也可以是個八十一宮格，以「九中有九」的概念持續衍生，環環相扣。每一個都是太極。

而這個太極，以簡單的概念來看就是：

人生就是在不變與變中轉換：以基本觀念來看，所謂變，就是各種我們要因應的人事時地物變遷；所謂不變，就是要抓住我們自己的基本價值。

以處世態度來看，處在變與不變交替的世界裡，**對於我們可以掌控的事，要全力以赴；對於我們無法掌控的事，要隨遇而安。人生就是變與不變的交替，也就是全力以赴和隨遇而安的交替。**

太極是對外的不斷影響

如同《禮記 · 大學》所闡述的境界：「修身，齊家，治國，平天下。」這是個一層又一層的概念，我們每一個

個人，除了是自己的主人，也同時是家庭的一分子，是社會的一分子。一層一層上傳，影響很多人。如果，我們本身這個太極是幸福有效率的，我們也可以以一己之力，進而影響更多的人。

由於人人都是太極，整個社會就是太極的社會，這和老子的觀念是完全契合的。雖然數千年前中國沒有經濟學，也沒有社會學的概念，但老子和易經天人合一的概念，卻可以透過這樣的方式展現。如下圖：

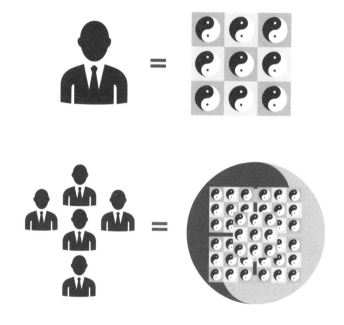

幸福效率學的終極應用，就如同《禮記‧大學》的最高境界，要「平天下」，但所謂的平天下，不是武力上的征服天下，而是一己的影響力，帶給最多的人好的影響。

　　古今中外，最能把幸福效率做到極致化的人，就是那些可以影響最多人的人，因為以效率學來說，一件事不但可以影響最多的人，並且可以影響最長的時間，那當然是效率的極致。

　　所以以這樣的角度來看，**全世界最有效率的人，其實是宗教領袖。**包含釋迦牟尼與佛教、耶穌基督與基督教，以及現代社會許多宗教界有影響力的人士，如教宗若望保諾，以及台灣的慈濟聖嚴法師等。

　　在宗教領域以外的許多人，也同樣有諸多影響力深遠的。以企業界來說，例如鴻海的郭台銘、台積電張忠謀。更經典的例子是台塑集團的王永慶，即便他已過世，他的影響力仍可及於許多代的人。放眼世界，像世界首富比爾蓋茲等人，他們的一言一行都被很多人奉為楷模。

　　這裡強調的不只是財富，這世界多的是有錢有勢但不能獲得尊敬的人，這裡說的影響力，是指他們所帶來的「正

面影響力」。

我們的一生中，也許無法企及這些大富豪們的財力，也無法在宗教界成為世界名人，但其實我們每個人在這社會都有一定的影響力。

個人幸福效率學的極致，就是推己及人成為社會的幸福效率學。

為什麼我們每個人都可以是一個影響社會幸福效率的人呢？我們可以用以下這樣的角度，看待我們的人生。

太極以整體的概念來看，是「變」與「不變」的結合，而這結合的整體，這整個太極是不斷轉動的。這個太極，就像齒輪一樣。

現代西方社會，在幾百年不斷追求工業效率後，發現一味的追求工業效率，卻失去了靈魂，在工商社會繁華之後，卻感到內心深刻的失落。因此近代以來，西方文明主動想要探索東方文明，特別是中國古老的智慧，其中《老子》和《易經》思想，更讓西方文明如獲至寶，卻又不能真正深明其義的古哲智慧。尤其「太極」這個神祕的符號，更讓人們深深著迷。

但在此，我們卻要反過來，將太極和工業化社會的象徵結合，並且，再次的，我們要導入這個讓西方覺得是病因的術語：「效率」。

　　原來，中國古老的智慧不但不是「反效率」的，事實上，以老子哲學、易經哲學以及太極意象來說，正好代表另一種整體人生的效率。

**　　太極，就是另一種形式的齒輪。**

　　太極的特色，就是生生不息，在變與不變中運轉。

　　如果只是單獨一個圓的概念，就如同地球一般只是自轉。但其實，宇宙萬物是合一的，地球表面上是自轉，但其實地球月球和太陽，乃至於和各大行星間，都有一定的引力在，彼此牽引著，月球會帶動地球的潮汐，如同人與人間，影響深的人也會帶動另一個人的心情。太極與太極間，以情感面來講，有類似引力的關係，但以整體環環相

扣來說，太極與太極間，就像是一個個齒輪銜接。

每個人都是由一連串的生命齒輪所構成。九宮格就好像九個齒輪。而九宮齒輪的意義則是：

一、齒輪與齒輪間一定要彼此和諧，否則會影響整個運作

齒輪的運轉，是環環相扣的。齒輪運作的經典工藝，就是鐘錶，一個精工製作的瑞士錶（非電子錶），是由一連串精密的齒輪彼此銜接而成，被當作是人類工藝的極致典範。鐘錶代表時間，人類正像是一個精致的鐘錶，我們也是時間本身的展現，一個人由出生到年老，齒輪緊密的分工運作著。

以九宮格來說，沒有哪個齒輪是不重要的。現代人常

犯的毛病，就是把精力放在幾個領域上，例如，大部分男性喜歡「拚事業」，而犧牲了家庭和健康，在九宮格裡，如果只專注在一個齒輪卻不管其他齒輪，那是不是還能運轉呢？答案是可以運轉，就好像我們把九個齒輪並排在一起，我們就算只轉動一個，其他齒輪也會跟著轉，只是施力會比較累，並且那個齒輪容易被操壞。

當齒輪被操壞了，結果會如何？結果可能不只是一個齒輪壞了那麼簡單，而是整個九宮格，也就是你的人生會全毀。

齒輪會壞掉有兩種情形，一種是被操壞，一種是長期被忽略。由於齒輪的特性是，你不轉，也會被別人帶著轉，因此，以某個角度來講，被忽略的齒輪也會被操壞。

最常見被操壞的領域有以下幾種：

- 健康被操壞：長期不顧健康的結果，帶來短命或者就算有命卻品質很差，特別是老了會帶給身體極大的痛苦。健康這個齒輪壞了，整個太極九宮格等於報銷了。

- 家庭被操壞：包括夫妻不和，包括和子女關係不睦。也許整體來看，太極九宮格還是可以運作，但

心中永遠有陰影，已經失去幸福人生的意義。

- 學習被操壞：放棄自我成長，一味的工作賺錢，或只是得過且過過一生，不去學習、不去拓寬眼界，到頭來，不論有多少錢或做到什麼職位，一個沒有心、沒有內涵的人，也不會有幸福人生。

二、齒輪與齒輪間要常上油，否則也會整組壞掉

以機器的觀點來講，齒輪要常上油，否則輪與輪間容易「卡」住。以太極人生的印象來說，齒輪也是要上油，因為齒輪代表著各種互動的關係，也要經常「潤滑」。

太極齒輪的潤滑油，就是柔軟心。柔軟心包含：同理心、溝通力，以及生活中的彈性。

同理心和溝通力，一般人較容易理解，但什麼叫做生活中的彈性呢？這就要回歸到太極的兩個元素：陰與陽，也就是「變」與「不變」。我們的人生，一方面要全力以赴，一方面也要懂得隨遇而安。

隨遇而安就是要懂得「不要強求」，唯有懂得生活彈性的人，可以見好就收，可以在碰到挫折時懂得「放下」。

挫折本是人生的常態，如同變化也是人生的常態。所謂天有不測風雲，要一個人在自己能夠掌控的領域，全力

以赴，這點比較容易做到；但要一個人在碰到「不測」時懂得放下，就比較難。常看到有人比賽時，輸不起；碰到挫折後，一蹶不振；甚至想愛一個人被拒絕時，不能接受，乃至於發生社會事件。都是不懂得生活中的彈性。

太極的運轉，如同許多的齒輪的集合，齒輪運轉要常上油，也就是要懂得溝通、要懂得運用同理心，還有懂得在生活中遭遇各種情況時，可以有適當的彈性。這樣齒輪運作才會滑順。

三、齒輪與齒輪，是由內而外，九中有中，九外也有九

如果每個人都是太極，都是由一連串生活齒輪所構成，那人與人間的互動，就是兩組太極齒輪的結合。這社會的運作，就是由無數的齒輪所構成，這正映證了那句老生常談：「每個人都是社會裡不可或缺的齒輪。」

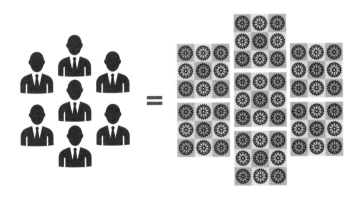

由於整個社會就是一個大的太極齒輪，因此：

每個人都要盡自己一分心力，努力運轉

一個人在大社會裡，若自己不運轉，不去帶動別人，唯一的結果就是自己被別人帶著轉，失去自己。

追求效率學的極致，就是不但自己追求到幸福效率學的極致，並且要讓自己的幸福效率可以影響到更多的人。這是很重要的事，持續一生都要做。

有的人會以為年輕或壯年時，可以藉由工作影響許多人，但一旦老了，就沒有價值了。事實上，幸福效率學的極致，反而是在於你人生下半場怎麼付出，這也是這一章梢後會談的重點。

無論如何，人在大環境中，要讓自己成為一個有影響力的人。是你的齒輪帶動大家，而不是你被牽著走。

每個齒輪都很重要

在一個大社會裡，有影響力很大的齒輪，例如總統這個齒輪，例如大企業集團總裁也是個大齒輪。

也許你不是那麼大的齒輪，但你也一定可以有很大的貢獻。你可能是家小企業的老闆，你的產品賣給廣大的消

費者，你的工作照顧許多人的生計；也許你是個作家、是個廣播 DJ，你的文字、你的話語影響很多人；也許你是個志工，透過你，幫助了許許多多的人。

每個齒輪都很重要。每一個人都不要妄自菲薄，把自己這顆齒輪想得渺小。**做好一個太極齒輪，最起碼的底限，就是把自己運轉好。**

就是說，以最低標準來看，你也許不能幫助很多人，但至少你不要妨礙別人。因為每個齒輪都很重要，所以即便你不動，你也會牽動整個環境，最糟的情況就是你這顆齒輪壞掉了，破壞了整體社會的運作。

所謂害群之馬，有兩種情形，一種就是作奸犯科，擾亂社會秩序，就好像一個齒輪故意逆著轉，整個社會的轉動就會被卡住；另一種情形，是你連做好自己都不能，需要社會照顧，這不是指那些因不幸而身心殘疾之人，或遭逢遽變家道中落淪為需要被照顧的窮人，而是指那些明明有機會有能力，做好自己分內的事，卻遊手好閒好吃懶做，成為社會米蟲的人。

無論是哪種情況，齒輪卡住，都會帶給整個社會不變。一個社會有越多壞掉的齒輪，整個社會就會更動盪不安。當一個社會壞掉的齒輪，多到讓正常運作的齒輪都不能動

時，這個社會就崩壞了。

所以每個人都是影響社會的關鍵，先讓自己達到幸福人生，再以自己這個齒輪的力量，帶來整體的幸福社會。

幸福效率的最大範圍，也是整體社會的極致，是無為而治。

什麼是無為而治？絕對不是叫你「什麼事都不做」。無為不是「無所為」，而是「不用為」，之所以「不用為」，因為已經建立好的規範、好的制度。

歷史上幾個太平盛世，也是無為而治的時代，例如漢唐盛世，因為開基帝王已經打好基礎，讓整個國家有好的制度，社會上人人安居樂業，運轉好自己的太極齒輪。

一個人人懂得追求幸福效率學、追求平衡人生的社會，也會是個無為而治的社會。

事實上，我們的地球，我們的宇宙，也都是經歷過種種變遷，然後來到一個目前相對來說無為而治的境界，如此人類方可存活，否則一個動盪的地球，或顛仆中的宇宙，是不可能讓生命存續的。

光芒萬丈的
九宮格

以九宮格的概念來看人生，並不是說人生只有八個項目。

與其說是以自己為核心「積極拓展」這八個項目，不說是如何在讓「自己」的人生更充實、更有效率的前提下，讓生活的各個面向都取得幸福平衡。而所謂各個面向，不只有這八個，只不過，以九宮格的概念，是比較方便理解的。

這意思，不是說我們不應該積極拓展這些不同領域，而是，這些領域其實「原本」就在我們身邊周遭了。舉兩

個極端的例子，一個黑道大哥，他也有家庭、事業、休閒、交際，甚至也有他的「公益」項目；就連一個乞丐，也有他的小小的理財、交際、休閒，乃至他的家庭，甚至行乞也算是他的事業。

有些生活中事物，可能依不同人的價值觀會被歸類到不同項目，好比說信仰，對某些人來說可能算是休閒，因為他只在假日閒暇時才去拜拜或上教堂，對他來說，他的信仰就是這個；但對某些人來說，信仰是他的事業一部分，他做任何事都把榮耀歸給神。這並沒有對錯，也不會因不同價值觀，影響一個人的幸福。

同樣地，愛情這件「事」，可以是交際的一部分，可以是家庭的一部分，甚至可以併入休閒，可以併入學習。

本書已經進入尾聲。當讀者已經看過前面所有的章節，以此為前提，我們再來解釋這個九宮格，就別具意義。

幸福效率的九宮格

1. 九宮格是一個人生檢核

這個九宮格不是個執行「規範」，也不是操作「指南」，

而是一個人生檢核。

當我們知曉效率學的基本定律，幸福效率代表著追求幸福的多樣性可能，我們就知曉，九宮格與其說是個操作指引，不如說是個平衡檢核指標。也就是說，我們希望讀者，可以時時透過九宮格，來檢視自己。檢視什麼呢？

（1）檢視是否盡力並且做到效率。

（2）檢視是否做到平衡。

舉一個例子。

當我們念大學或念專科時，學校都是採取學分制，每一個學分，在學業終了時，都會產生一個成績。好比說國文七十分，數學六十分、語文五十分等等。所謂盡力並且做到效率，就是指假定我們考國文，努力考了一百分，數學也是考一百分等等；所謂做到平衡，就是各科兼顧。

在學校時我們常看到一種極端的情形，某甲的國文滿分、語文也滿分，但數學卻是 0 分。以學校升等的標準來說，一個學生是否升等，看的不是總成績加總，而是是否各科都過關了。若有一科成績不到六十分，就得要重修，若科目多些，就要被留級甚至退學。

於是可能會出現，某學生甲各科都低空飛過，成績只能勉強畢業，科科都是六十分。但不論如何，畢業就是畢業，文憑拿到沒問題。而某學生乙可能是文豪才子，一個不可多得的國文天才，但他數學及理化老是無法過關，即便他成績加總分數比某甲高，最後卻可能無法畢業。

這樣的例子不是少見的特例，事實上，這種不均衡的現象，在各級學校都很常見。然而，最常見的例子是在哪所學校呢？答案就是我們成人的這所社會大學。

一個事實是：**大部分人一生中，過的都是不均衡的人生。**

這也是我苦口婆心，想要寫這本幸福效率學的原因。我要重覆本書強調過好幾次的話，人生只有一次，這只有一次的人生，卻過得不幸福，是如何遺憾的事啊！

就像那個某些學科成績很優異的學生，卻不能畢業。依照幸福效率學，人生是可以不必如此的。

2. 九宮格是一種方便的工具

這九宮格不是個範本，也不是種指示，而希望是種方

便的工具。

　　就好比一盒畫筆，每個人可以據以畫出自己的人生。但我們沒有定義，一定要畫出怎麼樣的畫。以圖畫來說，我們只訂出方向，

　　（1）你要畫的主題是人生。

　　（2）你不能交白卷。

　　以真正的人生來說，九宮格是種工具，在兩個大原則下，希望每個人都能過幸福效率的人生。這兩大原則，就是效率以及平衡。

　　這世上不會有兩個人的九宮格一模一樣，好比說，你和父母的九宮格肯定不同，但九宮格有沒有對錯？若以道德標準來說，沒有對錯，但以幸福效率學來說，有符合幸福效率的，以及比較不符合幸福效率的差別。

　　如同太極的觀念，在上節我們以齒輪來形容、比喻每個太極。因為人與人間，人與社會，就是一環扣一環的概念。而回歸自身，在我們的九宮格裡，也如同一個個齒輪般，生活中各領域可以一環扣一環。

　　在這節裡，我還要談到一個觀念，那就是 LED 的概念。

　　讀者也許感到驚訝，太極可以是個齒輪，難道太極也可以是 LED 嗎？這會不會太玄了？其實這正是易經「變」與「不變」的道理。一個誕生於幾千年前中國的觀念，可以和工業時代誕生的齒輪觀念做結合，同樣地，也可以和二十一世紀的 LED 觀念結合。

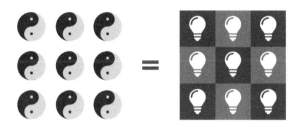

3. 九宮格也可以是 LED 燈

　　是的，把太極想像成一個發光的 LED 燈。一個成功的人，就好像一個九宮格全亮的人一般，光芒萬丈，這種人有兩大特色：

（1）他本身會成為眾所矚目的人。

　　以一個我們中國的用語來說，就是個「完人」。什麼叫「完人」，也就是完美的人，其實這世上並沒有所謂完美的人，原因無他，人生不是考試，沒有標準答案，所以無法定義什麼是真正的完美。所以沒有真正百分百的完人，

但有接近完美的完人。例如各大宗教的創始者，或者許多名留青史的偉人。

（2）這樣的人一定可以「照亮」別人。

不是有句話說：「燃燒自己，照亮別人」嗎？在過往幾千年的時代裡，這句話都是代表一種犧牲的偉大情操，但感謝科技文明的發展，到了近代一兩百年，要照亮別人，不一定要「燃燒」自己。

那些能夠把自己的幸福人生過得「光芒萬丈」的人，同樣可以照亮別人。

然而，這裡有一個很大的弔詭。一個把九宮格活得精采的人，一定是個光芒萬丈的人。但反過來說，一個光芒萬丈的人，是否一定是個九宮格都很精采的人呢？

答案是：非也。

一個光芒萬丈的人，也很有可能是一個生活不平衡、不快樂，只有部分生活領域發光發熱的人。

 光暈效應是虛假的幸福

在心理學有個術語，叫做「光暈效應」。這特別適用在我們的九宮格裡，一個人，如果在某個領域成就非凡，

他的光芒可以蓋過其他領域的事。

這樣的例子，處處都是。一個家財萬貫的企業家，同時也是個樂善好施經常造橋鋪路的慈善家，報紙上三天兩頭都看得到他的照片，全台灣沒有人沒聽過他的名字。

這樣的人是否光芒萬丈？是的，他光芒萬丈。但這樣的人一定幸福嗎？非也。許多名人、大企業家，離婚、家庭不幸福，和子女形同陌路。許多名人、大企業家空有大財富，名聲卻很差。在商界，人人對他鞠躬哈腰，但在民間，他的社會聲譽卻是極度負面。

所謂光暈效應，就是指一個很強的光源，可以遮蓋住表面上的其他瑕疵。最常見的，就是電視上那些俊男、美女，上電視人人都年輕好幾歲，但其實都是靠化妝和「打光」。適當的打光，可以遮住你臉上的坑坑疤疤。

同樣的，以九宮格來說，左圖是個光芒萬丈的例子。

這個人的九宮格很亮，但其大亮的主要原因，是有某個項目特別亮，好比說，他可能是諾貝爾獎得主，他

可能某一個國的總統等等。

基本上，他的九宮格目前來看還不錯，雖然有一個很大的亮點，但其他每個九宮格都仍有光亮。

但下面這個圖，可能就沒那麼好了。它也是光芒萬丈，但亮點只有「一個」。假定因某種原因，這個大亮點熄滅了，一下子，這個人就整個人都「暗」了。那是很可怕的事。

這裡的「暗」指的不是人的死亡。人皆有死，但活要活得精采幸福快樂。一旦人過世，也就沒有所謂的九宮格。這裡指的「暗」了，是九宮格還在，但整個是暗的情況。

在台灣，每隔一段時間，就有某個大企業家，因貪污或其他犯法事件，入監或者逃亡海外。前一天還是人人耳熟能詳的超級富豪企業家，第二天就淪為階下囚。甚至連貴為元首的人，也可能一下子光芒消失，變成大罪人。

光暈效應是虛假的。一個只靠光暈效應過生活的人，過的是假幸福人生。

雖然我們追求發光發熱的幸福效率學人生，但一定要強調兩件事：

幸福效率發光發熱定理 1：人生要先追求每個領域都要發光

也就是說，先求有，再求精。

這似乎是個很馬虎的觀點，先求有，不求好的感覺。但請注意：

1. 這裡的「有」，是指「有光」。

在人生的九宮格，要能夠發光一定需要努力，包括事業、理財、家庭等，都不是隨隨便便就可以「有」的。以那些大富翁那說，他們許多也都成家了，有美嬌妻，但家庭生活不幸福，所以雖「有家庭」，但家庭那格卻是黯淡的，這就不是有光。

2. 時間是有限的。

這也是幸福效率學的前提，就是因為資源有限，所以才需要平衡。每個人的人生有限，要過幸福快樂人生，就要每一個都顧到。先求有光，再求更亮。若一開始就要單一領域很完美，在時間有限的情況下，是難以兼顧的。一

旦無法兼顧，就不符合幸福效率。

 ## 幸福效率發光發熱定理 2：
隨著自己的成長，要讓每個領域的光芒更強

　　光芒萬丈是個目標，但不是一蹴可幾的。現代人最常見的一個毛病，就是一頭熱的栽入一個領域，然後忽視其他領域。

　　就以理財來說，有的人賺錢賺瘋了，整個變成錢奴，其他什麼都不顧了，不管事業，不管家庭，不管人際。從前有一陣子全民瘋股票時，就有這種現象。那時候，股票大漲就就可以「錢淹腳目」，世人活著失去了人生方向。一夕間，股票泡沫化，那些人資產大縮水，有的人破產一無所有。由於平日沒有經營九宮格的其他格，一時間真的萬念俱灰，許多人因此自殺。

　　我們可以用以下的觀點，來看九宮格的亮點。一個「完美的」九宮格可能如下，每個九宮格都是「全亮」的。

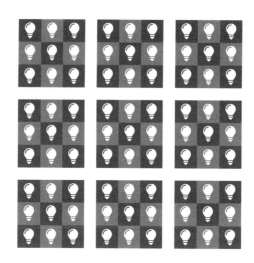

也許有人會說，這是不可能的。不可能燈全亮。

的確，燈要全亮不容易，但不是不可能。關鍵在於，燈的亮度定義。

記得前面提過的學校學分例子嗎？一個學生如果每科都低空飛過，那他可以畢業嗎？還是可以的，以九宮格亮燈來說，就是他「燈全亮了」，也許亮度不高。但以人生學來說，**人生學和學校上課不同，我們不追求滿分，因為沒有所謂滿分。我們只追求發亮，以及亮還要更亮。**

相對的，另一個學生，他某些科目滿分，但卻有許多科目不及格。以人生學來比喻，他的某些領域很亮，某些

領域卻不亮（在九宮格裡，不及格，就不會發亮）。

他的九宮格圖，變成這樣：

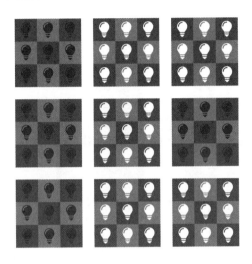

當然，這是極端的例子，他的九宮格也可以是：

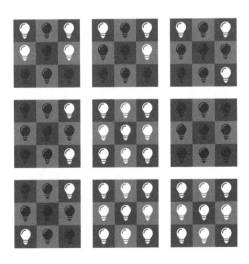

其實這就是人生的概念。

大家可以看到，每個九宮格裡的亮度，都是由九個小亮點組成。當九個小亮點都亮時，就是大亮。因此每個大亮都可以拆成九個小亮，每個小亮其實又可以再細分。

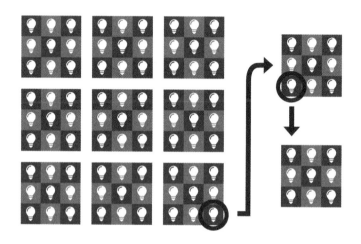

由這個圖可以看出，為何我們要先求「有」，再求「精」。因為如同生活是由一點一滴構成的，經由我們一點一滴的打拚，我們建立事業，經由我們一點一滴的關懷，我們經營起幸福家庭。

在「時間有限」下，我們必須要做好對每個領域的分配。如果一天有四十八小時，或許我們就可以像許多現代人一般，拚事業拚到不顧家庭或健康。但既然一天只有

二十四小時，我們就不得不遵照平衡亮燈的哲學，平均的逐一點亮我們生命所有的燈。這樣，自然每個領域的燈都會越來越強。

幸福效率發光發熱定理3：只有當自己能力強的時候，才有辦法發光發熱照亮別人

我很喜歡國父孫中山先生說的：「人生以服務為目的，當有能力為千萬人服務時，就要為千萬人服務，當有能力為千百人服務時，就為千百人服務，只有能力為一二人服務，就盡力為一二人服務。」

請注意，國父特別強調「當有能力」時。這所謂能力，以幸福效率學來說，就是燈的亮度。當一個人能夠讓自己燈最亮的時候，他就有能力去照亮別人。最典型的例子是世界首富比爾蓋茲，他成為鉅富後，把許多時間用在做慈善公益，他的人生各領域亮度都有照顧到，家庭、事業、理財、學習……等等。他真的非常有能力，所以他不只是「為千百人」服務，並且是為「千萬人、億萬人」服務。

我們每個人終其一生，也許無法達到這種為「千萬人」服務的境界，但至少：

第一，我們作好自己本分，讓自己有個均衡幸福的人生。

第二，在應用效率學後，至少也可以影響很多人。

例如我們效率理財後，可以讓自己過著富裕人生，也有餘力做許多慈善。我們事業成功，所以我們透過系統化經營，幫助更多的人。

這些都是我們的「發光發熱」。

如同前面也曾提過的，**個人幸福效率學的極致，就是推己及人，成為社會的幸福效率學。**

而這樣的極致，是因為聚沙成塔的力量。由一個一個小亮點開始，累積成一個領域大亮點，整個人亮起來後，就可以照亮更多人。

而最後，我們要強調，發亮一定要均衡。因為這也是效率學的一個重點。因為：

1.時間有限

以效率學來說，點亮許多個燈，比把一個已經夠亮的燈再點還有效率。以經濟學來說，就是說當一個品項，已經達到邊際效益時，你每多付出一分，得到的報酬就呈邊際遞減。邊際遞減，就是沒效率。

好比說有九盆花，我們每天澆水。假定水量是一定的，我們當然要每盆平均澆水，而不是把水都澆在同一盆裡。這個道理人人都懂，但現實生活中，卻常發生這種，只將資源專住在一個領域。

2. 過量，有害健康

這是個比喻，也是個事實。以比喻來說，我們常常說，吃太飽會傷身體。以九宮格來說，若太亮，而沒控制好電壓，那麼燈是會爆掉的。

不幸地，許多人的人生，真的都爆掉了。爆掉，就是整個九宮格，都沒了。

前面提過一些大企業家，後來潛逃海外，他們的九宮格只是暗掉了，但沒有爆掉。所謂爆掉，有兩種，第一種是身體爆掉、過勞死，或健康被操壞，整個人掛掉。第二種是心靈崩潰，這也是一種九宮格崩壞。

有一個成語，對於這種亮到爆掉的人，形容得很貼切。那就是「一將功成萬骨枯」，我可能是第一個用這個成語形容「人生」的，但的確，一個人若將全部心力投注在某個領域，讓某個領域發光發熱，而完全犧牲其他領域，那

不就像是一個人把全部的電力，都傾住在某個燈泡上，他讓某個燈很亮，但其他燈都因此暗了。

　　以整個人生來說，每一格九宮格都很重要，也都互為影響。但論毀滅性最強的，無疑是健康了，健康崩壞，其他格都一起崩壞。所以人要發光發熱，但一定要均衡的發光發熱。

心是幸福效率的核心關鍵

在談過不同領域的幸福效率學後。在本書的最後，我要提出整個幸福效率學的核心珍寶。

幸福效率要能成功，最大的關鍵，就是要有心。

其實，這也是全書的關鍵，也許有讀者會好奇，為何在以理性的方式談完整本書後，最後要以感性作結尾，這樣似乎就讓本書要備歸類成「心理勵志」學了。

但，以心做為核心，是再「理性」不過了。

畢竟，幸福效率學的主要服務對象，是每一個「自己」，最終的幸福，也是要自己能感受，若你覺得你生活很有效率，但卻是不快樂的，這就沒有達到幸福效率學的目標。

 **心包含三個成份**

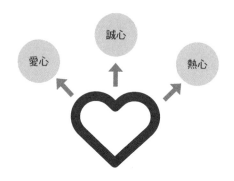

　　愛心、誠心、熱心這三個心，是對我們投入幸福效率學最重要的三個叮嚀。

1. 愛心是效率運轉的潤滑劑

　　記得嗎？我們以齒輪來比喻我們的太極人生，幸福效率模式是這樣。

以齒輪來比喻，不僅因為是轉動的概念，也是因為現實生活中，人與人間，人與世界間都是環環相扣的。既然是齒輪，就需要潤滑劑。因為齒輪的轉動，久了會有磨擦生鏽甚至卡住的情況，或者齒輪和齒輪間也會有磨合不好的情況，再精密的系統，若齒輪卡住也會影響效率。

潤滑油，本身看起來不是系統的一個環節，卻是系統中不可或缺的東西。

潤滑油是讓系統效率運轉的重要關鍵。以人生來說，這個潤滑油就是愛心。愛心以怎樣的方式呈現？就是以同理心的方式。

透過同理心所做的溝通，是讓幸福效率運轉不可或缺的步驟。

想像一個畫面，當在企業裡，你每天只會要員工拚命做事，拚命做業績。以效率來看，似乎經過你的緊迫盯人，以及嚴格管教，公司業績蒸蒸日上，你的事業這塊齒輪轉得很平順。然而，就如同一台機器運轉久了，終於還是會發生故障。若只是小小的故障，就只要維修排除就好。最怕的是，故障發生在重要的環節上，整個模組燒壞了，整

個機器報銷等等。當企業發生這種情況，輕則大幅影響公司進度，重則影響公司信譽，甚至影響存亡。

讀者一定還記得，台灣某些以嚴格治軍著稱的大企業，因為對員工管理太嚴且福利不佳，曾因為發生好幾起的員工跳樓事件，大大的影響企業的聲譽，也破壞了企業家原本的好形象。

其他，員工整批出走，或對外爆料公司內幕的種種情事，報章媒體上也時有所聞。

這都是因為，當企業營運時，老闆或主管忘記幫企業這台機器加上潤滑油。

同樣的道理。在人生不同領域裡，都需要潤滑油，也就是都需要愛。

家庭自然不用說，在前面教養的單元裡，我們也介紹了許多。其他包含人際、理財、休閒……，只要是與人互動的行業，都需要愛心。

或許有人說，理財為何需要愛心？理財當然需要愛心，理財往往不是自己一個人的事，投資需要委託專人，在不同的投資過程中，也會有不同的買賣對象，即便是一個小

人物，都可能因為沒受到關心，而疏於處理你交待的工作，也許一個操盤輕忽，對你的財富影響就很大。

因此，要讓幸福效率整體運轉順暢，就要時時勤加潤滑油。用愛，讓你的人生更有效率。

2. 誠心是保證執行效率的不二法寶

同一件事情，可以做表面工夫，也可以做到真誠相待。

許多時候，表面上看來是一樣的。例如我們去百貨公司裡，那些專櫃小姐看到你靠近，一定笑臉迎人，乍看下，大家都很有禮貌。但再深入去交流，例如你開始詢問某個商品的使用方式，或者和小姐請教他們的品牌特色，接著有意無意的，讓她感受到你只是「問問」，並不會真的買東西。此時很多專櫃小姐會開始露出真面目。有的開始愛理不理，或者說她有其他客人，要你自己逛；有的則繼續和你對談，但笑臉已經不見，變成晚娘面孔；但也有從頭到尾很禮貌、很親切的介紹商品，就算你這回不買，也歡迎下次再來。

遇到最後那類專櫃小姐，相信你就算這回不買，下次

也真的很樂意來這裡消費。

在生活中的各種領域也是這樣。你的誠心，也是當下看來沒有任何實質效益，但如果誠心已經融入人格特質，久而久之，這種特質一定會讓你人生更有效率。

為什麼呢？

因為所謂效率，就是讓一件事以更短的時間完成得更好。但所謂「欲速則不達」，許多時候你一心想求快，反而弄巧成拙。例如，在工作上常出錯，或在推展事業時，明明見了很多客戶，但業績卻有限。這種「速度快」，卻「沒效果」的關鍵因素，往往就在於是否誠心。

虛情假意的服務，換來的是打折再打折的業績。

這種情況更常見於家庭。

許多家長，因為被師長要求要「多關心孩子一點」，所以每週依「規定」特意去陪伴孩子，對孩子來說，這種陪伴時刻，反而是他最痛苦的時刻，因為這種陪伴缺乏誠心。通常師長給家長的聯絡簿，會要家長回答有沒有做到。上面會問「有沒有每週陪孩子？」家長興奮的打勾，說自己「有陪伴」；「有沒有達到親子交流結果？」家長也興

奮的打勾，說自己「有做到」。但其實，真正的效果要問孩子，他們的回答可不是這樣。

不具誠心的陪伴，就是「肉體到，心沒有到」。

夫妻兩人外出，結果各自在滑手機和平板電腦，孩子則百無聊賴的跟在後面，這是現代社會常見的「三人行」。

明明有陪伴了，但很抱歉，在九宮格的家庭這一塊，分數還是不及格。

這樣是最沒效率的，都已經花時間去做一件事了，卻沒得到效果，甚至還有反效果。

所以，誠心，是保證效率執行的不二法寶。

3. 熱心是效率發光發熱的媒介

若以 LED 燈光來比喻九宮格在各領域的亮度，那麼，熱心就好比是讓 LED 的亮度更亮的媒介。

一個人不論做任何事，都是心不甘情不願的做，那還不如不做。因為，以時間來說，他的時間已經花了；但以結果來說，效果肯定大打折扣。

特別是在工作場域。一個不是真正熱愛工作的人，做

起來事處處都很勉強，少了心中那股熱力，做什麼事，都無法達到一個讓人滿意的境界。

　　這世界上，大部分創業有成的富豪，一定都有著熱心的成份。這裡的熱心，指的不是急公好義那種助人的熱心，而是對於所做的事，能夠「投注」的熱忱。

　　以上面兩圖來說，同樣是發光發熱，同樣做一件事，左邊是以熱心投注的，所以很明顯的比較亮，右邊則是缺乏熱誠，自然就沒什麼亮度。只能說，有「做了」，但無法「發光發熱」。

第八章 重點復習 ✏️

人生追求的境界，也就是幸福效率人生的境界，是無為而治的太極人生境界。

太極效率人生兩大面向
1. 太極是對內的生生不息
2. 太極是對外的不斷影響

個人幸福效率學的極致，就是推己及人，成為社會的幸福效率學。

九宮齒輪的意義
1. 齒輪與齒輪間一定要彼此和諧，否則會影響整個運作
2. 齒輪與齒輪間要常上油，否則也會整組壞掉
3. 齒輪與齒輪，是由內而外，九中有中，九外也有九

幸福效率的最大範圍極致，也是整體社會的極致，就是無為而治。

一個成功的人，就好像一個九宮格全亮的人一般，整個光芒萬丈，這種人有兩大特色
1. 他本身成為眾所矚目的人
2. 這樣的人一定可以「照亮」別人

幸福效率發光發熱定理
1. 人生要先追求每個領域都要發光
2. 隨著自己的成長，要讓每個領域的光芒更強
3. 只有當自己能力強的時候，才有辦法發光發熱照亮別人

一生幸福的人生企畫書

從事業、財富、家庭、心靈到退休，8個面向，理性效率規畫你的一輩子

作　　者／李紹鋒
美術編輯／申朗創意
責任編輯／張雅惠
企畫選書人／賈俊國

總 編 輯／賈俊國
副總編輯／蘇士尹
行銷企畫／張莉榮‧廖可筠

發 行 人／何飛鵬
出　　版／布克文化出版事業部
　　　　　台北市中山區民生東路二段 141 號 8 樓
　　　　　電話：(02)2500-7008　傳真：(02)2502-7676
　　　　　Email：sbooker.service@cite.com.tw
發　　行／英屬蓋曼群島商家庭傳媒股份有限公司城邦分公司
　　　　　台北市中山區民生東路二段 141 號 2 樓
　　　　　書虫客服服務專線：(02)2500-7718；2500-7719
　　　　　24 小時傳真專線：(02)2500-1990；2500-1991
　　　　　劃撥帳號：19863813；戶名：書虫股份有限公司
　　　　　讀者服務信箱：service@readingclub.com.tw
香港發行所／城邦（香港）出版集團有限公司
　　　　　香港灣仔駱克道 193 號東超商業中心 1 樓
　　　　　電話：+852-2508-6231　傳真：+852-2578-9337
　　　　　Email：hkcite@biznetvigator.com
馬新發行所／城邦（馬新）出版集團 Cité (M) Sdn. Bhd.
　　　　　41, Jalan Radin Anum, Bandar Baru Sri Petaling,
　　　　　57000 Kuala Lumpur, Malaysia
　　　　　電話：+603- 9057-8822　傳真：+603- 9057-6622
　　　　　Email：cite@cite.com.my
印　　刷／卡樂彩色製版印刷有限公司
初　　版／2016 年（民 105）06 月
售　　價／360 元

城邦讀書花園　布克文化
www.cite.com.tw　www.sbooker.com.tw